Virtuous juvenile

▶▶▶ 美德少年

少年中国丛书

少年强则中国强

U0655028

美德少年

策划⊙孟凡丽

主编⊙袁 毅

Wuhan University Press
武汉大学出版社

图书在版编目(CIP)数据

美德少年/袁毅主编. —武汉:武汉大学出版社,2013.1(2015.4 重印)
(少年中国丛书:彩图版)
ISBN 978 - 7 - 307 - 10443 - 3

Ⅰ.美… Ⅱ.袁… Ⅲ.品德教育 – 中国 – 少年读物 Ⅳ. D432.62

中国版本图书馆 CIP 数据核字(2013)第 022570 号

责任编辑:代君明　　　责任校对:杨春霞　　　版式设计:王　珂

出版发行:**武汉大学出版社**　　(430072　武昌　珞珈山)
　　　　　(电子邮件:cbs22@ whu. edu. cn 网址:www. wdp. whu. edu. cn)
印刷:三河市燕春印务有限公司
开本:710 × 1000　1/16　　印张:10　　　字数:68 千字
版次:2013 年 1 月第 1 版　　2015 年 4 月第 2 次印刷
ISBN 978 - 7 - 307 - 10443 - 3　定价:29.80 元

故今日之责任，不在他人，而全在我少年。少年智则国智，少年富则国富，少年强则国强，少年独立则国独立，少年自由则国自由，少年进步则国进步，少年胜于欧洲，则国胜于欧洲，少年雄于地球，则国雄于地球……

——摘自梁启超《少年中国说》

一百多年前，中国身陷半殖民地半封建社会的境地，外有列强步步逼入，内有政府腐败无能，梁启超奋笔疾书《少年中国说》，以此激励世人扛起振兴中华的责任。

一百多年后，今天的中国国力渐强，但仍面临着各种各样的机遇和挑战。今日国之希望，未来国之栋梁，唯我少年！

但是要想担负起这个希望，要想成为这个栋梁，不是把《少年中国说》倒背如流就可以做到的。现在国与国的竞争，人与人的竞争越来越多元化、复杂化，在把语数英这些基础学科的知识掌握好之外，我们还需要培养自己的多元素质体系，这样才能使自己在与他人的竞争中立于不败之地，这样的少年担负起的中国才能在与他国的竞争中立于不败之地！

《少年中国丛书》选取了一个好少年最应该具备的基本素质：爱国、梦想、美德、感恩、创新、礼仪、励志和智慧。在一个个感化心灵的故事中潜移默化，在一个个精彩的主题活动中把这些素质落实到行动。

在这套书的陪伴引领下，让我们一起做一个好少年，做一个扛得起国之希望的好少年！

编委会

少年强，则中国强

少年中国

Virtuous juvenile
▶▶▶ 目录/contents

第三章　宽容是一种美德

第四章　谦虚是一种胸怀

Virtuous juvenile

第一章/请带着善良上路

　　善良是人生的雨露甘霖。善良是洞穿黑暗的阳光，是心与心的亲和与信赖，是爱与爱的共振与交融。善良让世界充满仁爱，让岁月溢满温馨。善良，有时，它是风雨中悄然为你撑开的一把伞；有时，它是黑暗中为你倏然点亮的一盏灯。更多的时候，它是危难时毫不犹豫地向你伸出的一双帮扶的手；是在你走投无路时，向你坦然敞开的收容的门。

如果有善良 ▶▶▶

在很多时候，如果我们心存善念，哪怕只是付出一点善行，那么这个世界，会不会更加和谐美好呢？

那是1988年的秋天，我和两个朋友去西藏波密县考察。波密县位于念青唐古拉山东部山麓至横断山脉的过渡带，峰高谷深，森林茂密。我们请了会说汉语的珞巴族青年做导游，他叫纽格，皮肤黝黑，精明能干，是个经验丰富的好猎手。

由于地广人稀，当时当地还允许适当狩猎，我们就请求纽格带我们过一把打猎瘾。纽格想了想，便同意带我们去猎麝，并且介绍说，麝香价格相当昂贵，一个完好的麝香囊起码价值2000元，麝因此遭到大量捕杀。

清晨，我们一行四人背着行囊上路了。很快，纽格在一片冷杉林里发现了麝的踪迹，纽格判断麝刚刚经过这里，我们立刻循迹追踪。

走了几百米，纽格示意我们停下来，他取出强弓，搭上一支竹箭瞄准。他分明已经发现了目标，可我们瞪大了眼睛注视前面的灌木丛，还是什么也没看见。

突然，灌木丛中"嗖"地蹿出一个黑褐色的影子，是麝！几乎与此同时，纽格的竹箭飞一般地射了出去！一瞬间麝腾空跃起，竹箭仅射中了它的后腿。麝逃跑的速度极快，一会儿便逃到几十米开外。纽格又连射了几箭，都被树枝挡住了。

"它受了伤跑不远，咱们快追！"纽格气急败坏地带头猛追。我们顺着麝滴下的血迹爬了好几道坡。麝的影子时隐时现，最后停在了一个大山洞口。我们请求纽格先不要杀死它，让我们好好观察一下，再说它也绝对跑不了。

在距洞口二十米远的地方，我们停了下来，只见那头麝靠着洞壁站着，它约有一米长半米高，通体黑褐色，像小型的鹿。它

虽是食草动物，却长了一对长长的獠牙，怪吓人的。只是，它的四肢在微微颤抖，身上汗津津的，看样子已没力气再跑了。它盯着我们，喉咙里发出低沉的吼叫，似乎在威胁我们赶快离开。

观察得差不多了，又照了不少相，我们向纽格提出，能不能活捉它。纽格同意了，并提醒我们一定要多加小心。因为黑麝性情较狂野，肯定会反抗，尤其那对大獠牙，曾挑断过不少猎手的小腿。我笑道："困兽犹斗，我们知道！"

于是我们卸掉身上所有的装备，分散开一步步逼了上去。麝见状颤抖得更厉害了！我突然发现动物竟然也有那么丰富的表情：绝望、乞求与愤恨……

麝没有跟我们拼命，而是突然转身，向洞中跑去，并且很快拐了弯。"快追！"纽格吼道，带头冲到洞口。我跟在最后面，隐隐听到洞中传来麝的惨叫和可怕的"呼呼"声，随即是纽格的惊叫："不好，是过山风！快跑啊！"他的声音听起来恐怖到了极点！还没等我转过身，便见洞中出来几条黑糊糊的大蛇，上半身高高翘起，凶神恶煞般猛扑出来！我们的魂儿都快吓丢了！

我曾是学校的百米赛冠军，迅速跑到了几十米以外，同伴李童也随后逃出来，纽格腿脚更没问题，可我们的同伴大壮太不争气，竟然跌倒在地！纽格为了掩护他，放慢了速度，瞬间便被几条大蛇包围了。大蛇张着嘴，吐着火苗般的信子，钢针般的毒牙隐约可见……天啊，这分明是眼镜王蛇！不用问，这个山洞是它们的窝，我们骚扰到人家门口了，它们还能跟我们客气吗？

一条眼镜王蛇箭一般扑向纽格！但见纽格身形飘动，刀光一闪，蛇头掉到地上，蛇身乱甩，鲜血喷溅了一地！我不禁要鼓掌，世上还有如此快的身手！

几乎同时，另一条眼镜王蛇扑向大壮，他没有任何反抗能力，情形万分紧急！纽格往前一跃，抓住蛇尾，猛力一抖一甩，竟将它甩出十几米远，正好落在我脚下！"莫怕，快用石头砸死它！"纽格大喊。我总算控制住自己没落荒而逃，好在大蛇也被摔得够呛，我拣起石头就是一通乱砸！

此时纽格已力杀两蛇，体力消耗很大，我和李童有心帮他，却不知如何下手，也根本不敢靠近。这时，纽格突然脚下一滑，险些摔倒在地。一瞬间，一条眼镜王蛇弹射而起，结结实实地在他的手掌上咬了一口！

说时迟那时快，纽格右手握刀，一下子斩断了蛇颈！蛇身瘫倒在地，可是狰狞的蛇头依然死死地咬住他的左手，真令人毛骨悚然！

而接下来的一幕，更让我们周身战栗：纽格毫不犹豫地右手挥刀，把自己的左手剁了下来！原来，断掌是为了阻止毒液向全身扩散。

　　对于以失败告终的猎麝遭遇，我们都对麝的行为百思不得其解。几天后纽格做出了解释：那只麝明知洞中潜伏着眼镜王蛇，可它为了摆脱我们，不让我们得到麝香，宁可冲进洞中被毒蛇咬死！贪婪的我们也遭到了报应……

　　直到今天，我也没有忘记过那头麝。我总是在想，为什么我们当初会那么狠心？面对一个生命，我们只想着征服，却缺少对生命起码的尊重。如果当初我们的内心有那么一点点善良，如果看着那头麝的眼睛时我们能放手，那么那头麝就不会死，纽格也不会失去他的左手。只差那么一点善良。

美德传承

　　广告里说，没有买卖，就没有杀害，的确是这样，因为人类的欲望和贪婪，有多少动物因此丧生。麝香是昂贵的，人们为了得到它不惜一切代价，而麝宁愿被毒蛇咬死也不愿让人们得逞。其实人与自然真的可以和平相处，只要我们心存善念，只要我们摒弃贪婪，只要我们有对生命起码的尊重和敬畏。

记得那只善良的豹子 ►►►

这个故事看得让人有想哭的冲动，是豹子太善良，还是人类太残忍？

豹子向摄影师一步一步走来，终于，它在离摄影师仅有几米远的地方站住了。豹子用充满敌意和怀疑的目光盯着他看了一会儿，只是那一会儿，摄影师的额头就已经沁出了冷汗。

摄影师保持着一种闲散的姿势，两腿盘坐在地上，表情平和，这样使他看起来不具备攻击性。当然，此刻他的内心充满了紧张，还有一些掩饰不住的恐惧。他默默地对自己说：沉住气，沉住气。

豹子又向前迈着步子，他的心提到了嗓子眼儿，但他依然保持着固有的姿势，他的心中蓦然升腾起一种壮烈的感觉。但这时，豹子转了一个弯，和他擦肩而过。

成功了！摄影师心头一阵狂喜，豹子终于可以接受自己了。

为了达到这个目的，摄影师用了整整半年的时间。

半年前，摄影师只身来到这个原始森林，很多时候，他和护林人住在一起。摄影师有一个宏伟的计划，就是拍摄一组动物生活的真实镜头。他要求自己超越前人，最大限度地和动物亲密接触，哪怕是最凶猛的动物。

很快，他发现了豹子。但是护林人却警告他：豹子可不是什么善良的动物，它的凶残程度可以随时把人类撕成碎片。

他却不听，他让自己慢慢进入了豹子的视野。开始，他驾着越野车，和豹子保持着若即若离的距离。甚至有两次，豹子对他展开了攻击，它暴怒地拍打着坚硬的车门。但是最终，它无可奈何地走了。

两个月后，摄影师试着开始走出那个车厢，用尽可能通俗的身体语言向豹子表达自己的善意。在他身上，一切有嫌疑的东西都丢在了车厢里，包括钥匙。当然，他不知道和豹子之间能不能达成沟通，但是，可以肯定的是，他和豹子之间的距离在一步步缩小。

直到最后，他和豹子的这种默契持续了一个星期，豹子眼睛里的敌意几乎消失了。

接下来，是让豹子熟悉摄影机的时候了，这个拉着长镜头的家伙很容易使豹子认为它可能会受到攻击，从而激发豹子嗜血的兽性。因此，摄影师一直小心翼翼的。

半个月后，他完全成功了，他和豹子成了朋友，他可以摸着豹子的头跟它说话，可以亲手把好吃的食物送到豹子的嘴里，而豹子在欢欣之余，则喜欢翻滚着和他嬉戏玩耍一番。

　　如果不是怀着好奇心躲在摄影师的车里亲眼看到，那个护林人死也不会相信这一切都是真的。护林人叹了口气，因为他知道，在这个弱肉强食的世界里，豹子对人类表现出善良并不是一件好事。

　　摄影师从容地拍摄豹子生活的一切，包括它和母豹子的爱情，直到他预备的摄影胶片全部装满。有时候，豹子还调皮地用嘴去"咬"摄影机的镜头。

　　摄影师满载而归，他给人们带回了一个关于人与豹子的崭新的森林童话。

　　悲剧发生在两个星期之后。那天，森林里来了一个猎人，猎人是偷偷进来的，因为森林里早已明令禁止狩猎。但是，猎人需要钱，一张虎皮或豹皮都值上千块钱，运气好的话，也许还能得到象牙之类的东西。猎人一心抱着发财的念头，于是，他决定铤而走险。

　　猎人是在毫无防备的时候遇到豹子的。那天，他实在太疲倦了，就靠着一棵榕树睡着了。

　　当他被一阵轻微的"簌簌"声弄醒时，他睁开眼，竟看见一只豹子近在咫尺！

　　猎人顿时毛孔贲张，脑袋里"轰"的一声。枪就在他手边，子弹早已上膛，但是那时，他完全呆住了。

　　更不可思议的是，豹子竟挨着他蹲了下来。变得善良的豹子望着他，那样子十分天真，就像一个想听故事的孩子。猎人以为是做梦，他悄悄地使劲咬了咬嘴唇，感觉到了疼痛。

恐惧中，他本能地抓住了枪，并且把枪管移向豹子的头部。豹子没有反应，它懒洋洋地伸了个懒腰，之后就用嘴去叼枪管。

一声惊天动地的爆响后，豹子的身子一下子飞了起来，同时，一朵血花在豹子的头部灿烂地开放着……

猎人很久都没有回过神来，他不明白，怎么打死一只豹子比打死一只兔子还容易？

<table>
<tr><td>美
德
传
承</td><td>　　豹子原本凶残，却因为与摄影师长时间的相处而变得温顺善良。在摄影师的镜头下，豹子不再只是森林之王，还是友善、调皮甚至是可爱的。它对摄影师的信赖和表现出来的善良让人觉得如同童话一般美好。可是当豹子收起它的残暴，却遇到了觊觎豹皮的猎人，它的善良让它惨遭杀戮。这个故事的结尾意味深长，引人深思。</td></tr>
</table>

善良为你开门 ▶▶▶

天使之所以会飞翔，是因为她把自己看得很轻。

世界上的很多事情是说不清楚的，在一家医学院学习的梅子居然和她的另外五位室友到了同一所医院实习。因为她们学习的专业相同，所以她们都被安排在妇产科实习。在学校能够一起学习生活，实习时又能够在一起，这让六姐妹非常欢喜。但没有多久，一个问题残酷地摆到六姐妹面前，这所医院最后只能留用其中一人。

能够留在这所省内最高等级的医院是六姐妹共同的渴望，但她们不得不面对"有你无我，有我无你"的残酷竞争与淘汰。临近毕业的日子越来越近，六姐妹的较量也越来越激烈，但她们始终相互激励着，相互祝福着。院方为了确定哪一名被留用，举行了一次考核，结果出来了，面对同样出色的六姐妹，院方一时也不知道该如何取舍。但现实是，院方只能够留用一人。

六姐妹中，开始有的人表示自己家在外省，更喜欢毕业后能够回到家乡；有的人干脆说家乡的小县城已经有医院同意接收她……美丽的谎言感动着一个又一个人。

　　这天，六姐妹都突然接到一个相同的紧急通知，一名待产妇就要生产，医院需要立刻前往她的家中救治。六姐妹急匆匆地上了急救车。一名副院长、一名主任医生、六名实习医生、两名护士同时去抢救一名待产妇，如此隆重的阵势让六姐妹都感觉到一种前所未有的紧张。有人悄悄地问院长，是什么样的人物，需要这样兴师动众呢？院长简单地解释道："这名产妇的身份和情况都有些特殊，让你们都来，也是想让你们都不要错过这个机会，你们可都要认真观察学习啊。"

　　车内一片沉寂。待产妇家很偏僻，急救车左拐右拐终于到达时，待产妇已经折腾得满头汗水。医护人员七手八脚把待产妇抬上急救车后，发现了一个问题，车上已经人挨人，待产妇的丈夫上不来了。人们知道，待产妇到达医院进行抢救，是不能没有亲属在身边办理一些相关手续的。人们都下意识地看向副院长，副院长低头为待产妇检查着，头都未抬地说道："快开车！"所有人都怔住了，不知道该如何是好。

这时候，梅子突然跳下了车，示意待产妇的丈夫上车。急救车风驰电掣地开往医院，等梅子气喘吁吁地赶回到医院的时候，已经是半小时之后了。在医院门口，她被参加急救的副院长拦住了，副院长问她："这么难得的学习机会，你为什么跳下了车？"

梅子擦着额头的汗水回答道："车上有那么多医生、护士，缺少我不会影响抢救的。但没有病人家属，必然会给抢救

带来影响。"

　　三天后，院方的留用结果出来了，梅子成为了唯一的幸运者。大家都很不解，但是院长说出了理由："三天前的那场急救是一场意外的测试。将来无论你们走到哪里，无论从事什么职业，都应该记住一句话，'天使能够飞翔，是因为把自己看得很轻'，你用你的善良打开了这扇医院的大门。"

<table>
<tr><td>美德传承</td><td>　　上帝是公平的，他只会把这个仅有的名额送给最值得拥有的人。学习的机会固然宝贵，但是它远远没有救人要紧，关键时刻把别人放在重要的位置上，需要的是一颗善良的心，这样的人更值得大家的敬佩。</td></tr>
</table>

狼也有心 ▶▶▶

狼是孤独的，凶残的，可是我们就能说它没有感情，没有一颗感受喜怒哀乐的心吗？

我是一匹孤独的狼。在一个黄昏，我爬上了对面的山冈，山风夹着松林的柔香，拂动着我的长毛，我的心中一片平静。我不经意地一抬头，看到如血的残阳，痛苦与愤恨立刻弥漫在我的胸膛。

我想起了我那惨死的妻儿。伴随着它们的本应是山中的清泉、花间的朝露，然而不幸的事却发生在那个像血一样红的傍晚。与痛苦一起烙进我的记忆里的是对那个戴着皱巴巴的帽子、眼中射出贪婪目光的猎人的仇恨。

妻子和三个孩子被残杀后，我的性格变得更加孤僻阴郁了，我总是在丛林中游荡，希望有朝一日能撕裂那个可恶的家伙。

我在等待，我知道那一天一定会到来的。

　　日子一天天地过去了，我身上的毛在慢慢地脱落，肌肉也在慢慢地松弛，但我心中的仇恨却与日俱增。

　　终于有一天，那个熟悉的身影，那个有着贪婪的目光的猎人，又一次进入了我的视野。我毫不犹豫地跟了上去，借着林中昏暗的光线和灌木丛的掩护，一直尾随着他伺机而动。

　　他在林中转了很久，没有什么收获，就准备出林了。我知道这时如果我再不行动，就没有机会了。恰好，他走到林边的一小片开阔地，完全松懈了下来，猎枪也倒挂在肩上。于是，我乘机猛扑上去，一下子把那人压在了腹下，他正要拔刀，我立即咬碎了他的手，他疼得无计可施。

　　我痛快地看着我的仇人那张因恐惧而扭曲的脸，但就在我要咬断他的喉咙的那一刻，一个孩子的声音远远地传了过来："爸爸！爸爸！妈妈找你！你在哪儿？"

我看见那人眼中露出的惊惧与绝望的神色，显然那是他的孩子，他也有妻儿。我的心中一阵抽动，他杀害我的妻儿的仇恨和失去妻儿的痛苦在我的心中翻滚。

他的眼角渗出了泪，我眼中的泪也顺着面颊流了下来。

唉！我放开了他，转过身，默默地走向那如血的残阳。

我依然恨他。我不能说自己是善良的，但是至少我要比他善良。我虽然是狼，但是我也有心，我不愿让更多的人伤心，于是我选择离开那片茂密的丛林……

美德传承

　　狼一直给人们的印象是孤独奔跑，对月长嗷。可是不能忽视的是它们也有自己的家族，也有喜怒哀乐。人类的感情是崇高伟大的，而它们在失去家人的时候也同样会痛不欲生，只是狼用了我们所不曾了解的方式而已。在选择面前，一头狼都可以摒弃仇恨，心存善良，而我们难道不应该做得更好吗？善待每一个生命吧，就如同善待我们自己一样。

真正的慷慨 ▶▶▶

将自己最珍爱的东西捐献出去，是真正的慷慨，从另一种意义上看，更是真诚的善良。

一场龙卷风袭击了我们家附近的一座小城，那里的许多家庭都损失惨重，报纸上一张特别的照片深深触动了我的心。照片上，一个年轻的女人站在一座完全被毁坏的房屋前面，一个大约七八岁的小男孩低垂着眼站在她的身边。旁边，还有一个很小很小的小女孩用手抓着妈妈的裙裾，眼睛盯着镜头，目光里充满了慌乱和恐惧。在相关的文章中，作者给出了照片上每个人的衣服尺寸。我注意到他们衣服的尺寸与我和孩子衣服的尺寸很接近。这将是教育我的孩子帮助那些比他们不幸的人的不错的机会。

我将照片贴在冰箱上，把他们的困境向我的一对七岁的双胞胎儿子——布兰德和布雷特，以及三岁的小女儿梅格安做了解释，"我们有这么多东西，而这些可怜的人现在却什么也没有，我们应该把我们的东西和他们分享。"我从阁楼上拿下来三只大盒子放在地板上。当男孩子们和我一起把一些罐装食品和其他一些不易腐坏的食物、肥皂等装进其中一只大盒子的时候，梅格安怀里抱着露西——她爱极了的布娃娃——来到我们面前。她紧紧地将它搂在胸前，把她圆圆的小脸贴在露西扁平的、被涂上颜色的脸上，给了它最后一个亲吻，然后，将它轻轻地放在其他玩具的最上面。"噢，亲爱的，"我说，"你不必把露西捐出来，你是那么喜欢它。"

梅格安严肃地点了点头，眼睛里闪烁着被她强忍着没有流出来的眼泪，"露西的确给我带来了快乐，妈妈。也许，它也会给那个小女孩带来快乐的。"

我突然意识到，任何一个人都可以把他们弃之不要的东西捐

赠给别人，而真正的慷慨却是把你最珍爱的东西给予别人。诚挚的仁爱是一个三岁的孩子希望把一个虽然破旧，却是她最珍爱的布娃娃送给那个小女孩的行为。而我，本来是想教育孩子的，结果却从孩子那儿受到了另外一种教育。

男孩子们惊讶地张大了嘴巴。布兰德什么也没说，走进房间拿着他最喜欢的圣斗士出来了。他稍稍犹豫了一下，看了看梅格安，把圣斗士放在露西的旁边。布雷特的脸上露出了温和的微笑，眼睛里闪着光，跑回房间拿来了他的一些宝贝火柴盒汽车，郑重地放到了盒子里。

我把我的那件袖口已经磨损得很厉害的褐色夹克衫从那个放着衣服的盒子里拿出来。然后，把上个星期刚买的一件绿色的夹克衫放了进去。我希望照片上那个年轻女人会像我一样喜欢它。

愿我们都有一颗真正的慷慨的心，为需要帮助的人们尽一点绵薄之力。

美德传承

善良这个品质，需要很多个细节去维护。孔子说，子所不欲，勿施于人，但很多时候人们总是喜欢把自己不需要或是不喜欢的东西用来捐献。如果能够像文章中的一家人那样，将自己最喜欢、最珍贵的东西捐献出来，这样的人，不但是善良的，更是诚挚而伟大的。

其实，我们不一定要将自己最珍贵的东西拿来与人分享，只要我们在捐献爱心时，真的是怀着爱，真的是考虑到那些苦难的人最需要什么，你就已经做到了善良。

海豚的微笑 ▶▶▶

你见过一只会微笑的海豚吗？我相信它一定是善良的。

海豚是一种聪明、活泼的动物。古今中外，流传着不少有关海豚与人类交朋友的佳话，也记录了不少海豚救人的实例。海豚成了渔民在海上捕鱼的向导，也成了海上遇难者的保护神。

除此之外，海豚又是最惹人喜爱的观赏动物。经过训练，它们能表演许多精彩节目。正因为海豚有如此特性，人们才这样喜爱它。

这里要讲的，是关于一只小海豚的故事。

在美国东海岸的查尔斯顿港，有家海军所属的海洋研究所。研究所里有只三岁多的海豚，它长得比一般海豚还要可爱、漂亮，研究人员给它起了个名字叫莎丽。

莎丽聪明绝顶，训练员教的动作，它几乎一学就会；训练员发的指令，它一听就懂。所以训练员常常会误认为它是人，而不是海豚。但不久，训练员发觉，莎丽是个不爱"当差"的角色：它不肯穿戴载有仪器的钢圈，更不愿意接触带有炸药气味的装置；它不喜欢按训练员的指令行动，只喜欢亲昵地对人们咧着嘴巴笑。若是惩罚它，它便会用绝食的方式以示抗议。

研究所里的人们实在太爱这只小海豚了，他们担心严苛的训练会将它逼死。唉，人各有志，海豚亦是如此。于是，他们便忍痛放了莎丽，让它回归大海，去过自己想过的自由生活。

莎丽游向大海，可它又觉得十分孤独。多年以来，它已习惯于同人类交往，它只是不习惯于那些繁琐的训练而已。它不愿待在海洋里，它还想回到有人类居住的地方去。于是，它沿着海湾，游进一条大河的入海口。由河口进入，沿着一条小河漫无目的地向前游去。

这天早晨，在人类所用的日历上，注明是1971年5月8日，海豚莎丽游到了一条河的码头旁。这里停着一艘小船，于是它判断：这儿有户人家。它想看看，这户人家是什么样子？房子离码头有多远？莎丽出于好奇，就将扁而尖的小嘴巴伸出水面，还转动着两只圆溜溜的小眼睛好奇地看着四周。

它看到了什么？它看到了一个女人，这是女主人吉恩。她正背对码头，在岸边摘豆荚。她一点儿也没发觉，她家来了一位"不速之客"。

在莎丽的记忆中，这个人跟海洋研究所的那些穿白大褂的人没什么两样，它常跟他们交往，因此它并不害怕。莎丽见这个人不理睬它，便主动打招呼。它咧着嘴巴发出一阵阵尖叫，表示问好。

吉恩转过头看到了莎丽，着实吓了一大跳，因为这片海域是

不可能有海豚出现的。但是很快，吉恩喜欢上了这只海豚，因为它看上去是那么的可爱——它一直咧着嘴巴对她笑着。

吉恩一家就这样成为了这只会笑的海豚的好朋友。

一天，吉恩去海边游泳时，突然陷入了一股水下暗流中，一排排汹涌的海浪向她袭来。就在她即将昏迷的一刹那，一个黑影子飞快地游来，用它那尖尖的喙部猛地推了她一下，接着又背着她，一直将她送到浅水边。吉恩清醒过来后举目四望，想看看是谁救了自己，然而海滩上空无一人，只有莎丽在离她不远的水中微笑着。

吉恩心有余悸地把这件事告诉了一位海洋生物学家，海洋生物学家告诉吉恩："海豚救人是一种本能，它们有一种奇特的'搭救习惯'。"

但是吉恩却不这么认为，她觉得莎丽救她是因为海豚的本质是善良的，她也相信这只善良的会笑的海豚是上帝派下来保护她的"天使"。

美德传承　海豚是聪明、活泼的动物，同时又是最惹人喜爱的观赏动物。关于海豚救人的故事不计其数，生物学家说海豚救人是一种本能，其实我们的本质最开始都是善良的，只是我们的内心被世俗或者某些阴暗的东西覆盖了，遮住了善良的光芒。而海豚没有，它的本质是善良的，而且它一直在坚持。

出自善良的橘子 ▶▶▶

一个简单的橘子，送给走投无路的人一定会给他带来一份温暖。

故事发生在中国北方的一个小镇上，时间是2006年3月23日。一个杀人犯亡命逃窜了整整一年，来到小镇时，已经衣衫褴褛。饥渴难耐的逃犯在一个水果摊前久久不想离去，摊上的橘子深深地诱惑着他。他不知该怎么办：是乞讨还是抢劫？逃犯慢慢把手伸向身上携带的尖刀。

就在这时，一个大橘子忽然出现在心神不定的逃犯面前。逃犯感到有些意外，握刀的手不由自主地松开。原来，摊主猜测到他是想吃橘子而没有钱，便拿了一个递给他。逃犯犹豫了一下，接过橘子，大口吃了起来，而后什么也没说就离开了。

三天后，逃犯又来到那个水果摊。这次没等他开口，摊主就拿起几个橘子塞给他。同上次一样，逃犯吃过橘子又匆匆离开。

晚上摊主准备回家时，发现水果边放着一份报纸，展开一看，顿时惊呆了。原来上面大篇幅刊登着通缉令，悬赏三万元给提供线索者，而刊登的逃犯照片酷似他送出橘子的那人。理智最终战胜了怜悯，摊主最后拨通了警察局的电话。

警察连续几天埋伏在小摊周围。三天后，逃犯果然又出现了，这次他打扮得与照片上一模一样。不过，他似乎觉察到了什么，没有进入警察的包围圈。

摊主与警察的心提到了嗓子眼，紧张注视着逃犯的一举一动。因为街上人来人往，一旦逃犯发觉警察的存在，就会很快消

失在茫茫人海中。而且他身上可能有刀，随时可以挟持人质，后果不堪设想。

　　终于，站立许久的逃犯有了行动。但出人意料的是，他缓缓掏出身上所带的尖刀，扔在地上，随即坦然地举起了自己的双手。警察蜂拥而上，没费吹灰之力便把逃犯制服了。戴上手铐的逃犯忽然说："请等一等，让我与水果摊老板说句话。"

　　在警察的裹挟下，逃犯来到惊魂未定的摊主面前，小声地说了一句话："那张报纸是我放在那里的。"然后挂着满足的微笑走上警车。摊主连忙仔细查阅那份报纸，发现反面赫然写着几行小字：我已经厌倦了东躲西藏的流亡生涯，谢谢你的橘子。当我为选择怎样结束自己的生命而犹豫不决时，是你的善良感动了我，三万块钱的举报酬劳就算是我的报答。

请带着善良上路 ▶▶▶

生命因善良而变得珍贵和美好，所以在人生的旅途中，请带着善良上路。

有一个故事，让我至今想来心里仍有颇多感慨，那是我从报纸上看来的。

一个人贩子，拐了一个小男孩。这个小男孩才五岁，却没有像其他的孩子那样又哭又闹，反而一直叫着人贩子"叔叔"，一副非常乖巧的模样，想来在家也是一个相当受宠爱的孩子。

小男孩从口袋里掏出一颗糖，伸到他面前说："叔叔，我最爱吃这种糖了，你的孩子是不是也喜欢吃糖呀？叔叔，给你吃，挺甜的。"

这时，人贩子才想起自己也有一个家，也有一个五岁的女儿。女儿也喜欢吃糖，每次吃糖，都要往他嘴里塞上一颗，然后歪着头，轻轻地问道："爸爸，甜吗？"人贩子这才意识到，生活在最困苦的时候，也有它甜的一面。

小男孩的一句话，搅起了人贩子还没有完全泯灭的良心，也搅起了他对人间亲情的珍爱之情。他带着小男孩找到了最近的公安局，投案自首。在他的协助下，公安局很快端掉了本市最大的一个拐卖儿童集团。除了他，涉案的所有人全部判了死刑，只有他判了十五年。可以说，是他心中那点残存的善良救了他。如果那次他没有送回孩子，没有投案自首，那么，迟早有一天他会被逮捕，最终也会被判死刑。

还有一个故事，是我亲身经历的。

高中毕业后，由于没有考上大学，我选择去省城做了一名建筑工。一天，我和一位工友站在脚手架下休息，突然听到四周响起一片惊叫声，我发现工友站立的地方正有一个阴影扑过来。不好，有危险！我来不及多想什么，便向身边的工友猛冲过去，一把将他推开。

就在这时，在我身后一声巨响，我回头一看，一块厚重的水泥板正掉落在我刚才站立的地方。工友们纷纷跑了过来，一再说我幸运。

其实我更庆幸的是，是心中的善念救了自己，正因为当时想着救别人，没想到同时也救了自己。

那一刻，我站在温暖的阳光下，吹拂着和煦的春风。头顶是蓝天白云，旁边是工友们的一张张祝福的脸，我从来没有这样如此强烈的感受：生命因善良而变得如此珍贵和美好。

美德传承　　善良可以让一个人贩子投案自首，善良也可以挽救自己的生命。当你怀着一颗善心去关怀身边的每一个人、每一件事、每一种物体，你就会在不经意间收到善良送给你的礼物。所以，任何时候，都别忘了带着善良上路！

善良收获快乐 ▶▶▶

当善良变成了一种习惯后，我早已忘了最初的功利目的。

我第一次涉足"政坛"是七年级竞选学生会副主席，我都很奇怪当时自己为什么会有这样的决定。

那时，我是个很害羞的女孩，几乎没有人愿意和我交朋友，我也从不关心别人的事情。但是，胆小的我还是决定参加学生会副主席的角逐。我整天为自己的竞选演讲和宣传海报忙这忙那，但最后我的努力付诸东流，我输给了我的竞争对手。竞选那天，他给现场的同学发了好几百支印有他名字的花花绿绿的铅笔。中学的那次"政治活动"给我留下了不愉快的回忆。

虽然这次失败对我的影响很大，但我还是决定高中时再次参加竞选，而且还要采取一定的战术，确保胜出。考虑到父母不会为了我的竞选给我额外的钱来"贿赂"同学，我只能用我的善良来为自己赢得选票。给自己的善良披上了如此功利的外衣后，我眼中的每个同学都变成了可能给我投票的人。

　　带着这样先入为主的思想，我升入了高中。我热情地向每个同学介绍自己，露齿微笑。我主动和同学打招呼，亲切地叫他们的名字。我努力地去记住与每一个同学有关的细节，比如汤姆的小狗"汪汪"感冒了，露茜全家暑假去法国度假了……这样我就不愁下次和他们聊天时没有话题了。

　　高二时，我敢说，我们班里每个同学的事情我都知道不少。与同学小心翼翼相处一年后，我的付出有了回报。同学们会在走廊里远远地叫我的名字，很多同学都会跟我说知心话，向我倾吐他们心中不为人知的秘密，把我当成了最值得信赖的人。

　　就在我的计划顺利进行的时候，我发现我的初衷开始有了

改变。我突然觉得自己已经没有兴趣去竞选学生会主席，来为自己赢得好名望了，我再也不是那个极强功利心的貌似善良的女孩了。我已经真的学会了关心同学，关心朋友。关心别人已经成了很自然的行为。

当所有同学都用心对我微笑时，那种快乐是无法言语的。用善良的心对待每一个人，就会有无数颗善良的心来对待你。

美德传承　　包藏任何目的的善良都是伪善良，善良变成了可憎的外衣，迟早有一天会被人揭穿。真正的善良应该是赤诚的，由心而发的。这样的善良才能收获友情和快乐，才能让你的人生之路芳香满径。心怀善念，方可春暖花开。

善良的回报 ▶▶▶

一个简单的善举，上帝可能会给你莫大的回报。

美国人乔治为妻子的怪病跑遍了全世界，却是久治不愈。几年前，他听说中国的中医专治疑难杂症，于是便带着妻子来到中国看病。乔治为了给妻子看病，几乎花光了全部的积蓄，但既然来到中国，怎么也得请一个翻译。那时正值暑假，乔治通过关系在北京外国语学院请了一个叫赵小宁的学生做自己的翻译。

赵小宁是来自宁夏地区的一个贫困生，他巴不得找个差事能挣点钱。有外国人找他，他觉得很幸运。谁想，乔治却因为没有钱，把雇用赵小宁的费用压得很低，贫困中的赵小宁觉得挣一分钱都是好的，自然接受了这份有些委屈的差事。

乔治带着病中的妻子奔波于北京，每天都很辛苦。赵小宁不但要为他们做翻译，还要替他们排队挂号拿药，做一切琐碎的事。乔治不仅雇了一个廉价的翻译，同时还雇了一个勤杂工，真是一举两得。

都说美国人有钱，但作为美国人的乔治却没有给赵小宁这个印象，出门如果不是有特别需要，乔治通常都是挤公共汽车。几天下来，赵小宁就看出，这个美国人其实没有多少钱。

谁想，赵小宁刚刚给乔治和他妻子做了几天翻译，一位同学便带着一个外国人风风火火地来找他，原来一个加拿大公司来北京谈生意，由于谈判项目增多，急需找两名翻译，报酬相当丰厚，同学让赵小宁赶紧辞掉乔治的这份差事。

乔治通过加拿大人和赵小宁的对话，知道了事情的大意。他只希望赵小宁在走之前，能尽快再给他找一名中国翻译，哪怕只是会最简单的交流。

赵小宁抬头看着乔治，又看看他病中的妻子，半天都没有说话。最后，赵小宁回绝了同学和加拿大人的请求，他说他现在已经熟悉了乔治妻子的病情，如果换个生人，在与大夫的交流中，恐怕会对乔治妻子的病不利，急用钱的赵小宁谢绝同学留了下来。乔治强忍住眼里的泪花，什么也没有说。

暑假过后，赵小宁回到学校，乔治带着他的妻子离开中国。第二年，乔治的妻子离开了人世，乔治重新去照料他几乎倒闭的公司。

三年过后，赵小宁大学毕业，奔波于找工作的艰辛中，赵小宁与没有去处的同学终日惶惶。就在这时，从美国飞来一封信，一封来自乔治先生的信。

他说赵小宁的善良与为人深深地打动了他，三年来他念念不忘。如今他的公司很快就要到中国办厂，需要一名中国方面的代理人，问赵小宁愿不愿意与他合作，报酬是每月八万美金。

赵小宁万万没有想到，在他最为困难、走投无路的时候，会收到大洋彼岸的美国如此的幸运请求，这真是雪中送炭。而这一切，仅仅是因为几年前，他在对方同样很需要帮助的时候心怀善念，伸出援手。

美德传承

善良的赵小宁在自己很需要钱的时候，放弃很好的赚钱机会为乔治和他的妻子做翻译，虽然他们给的钱很少，但是至少赵小宁对得起自己的良心。也正是因为他的善良感动了乔治，所以在他为工作发愁时，乔治送来了一份待遇丰厚的诚挚的邀请信。

在别人困难时，你可能只是奉献了一滴水；但是当你有困难时，你就会发现你已经拥有了整片海洋。

善良的种子会开花 ▶▶▶

什么样的种子开出什么样的花，善良的种子一定会开出最炫目的花朵。

那天，她来报社找我，说她有一个弱智的女儿，已从家里走失了七年。但她以一个母亲的直觉，坚信自己的女儿还一直活在这个世界上。当听说我们报社来了一个流浪女孩儿时，她马上就过来看看。

我把那个女孩儿领到她面前时，她一下子就哭了。她急切地拉住女孩儿的手，说："这就是我闺女小玉兰。"女孩儿很茫然地看着她，拼命地把自己的手从她那双苍老的手里往外抽。她撩起衣角擦了一下眼角的泪，脸上露出欣慰的笑容。

那一刻，我甚至就要相信，那个女孩儿就是她苦苦寻了七年的女儿。但我们还是要遵从科学，只有等为她们做了亲子鉴定后，才能做出最后的定论。在等待结果的那段时间，她要求先把孩子领回家去。在外漂了那么多年，她要好好补偿一下孩子。

结果出来得有些慢，那长长的一段日子里，她再也没有出现在我的办公室。凭一个母亲的直觉，她相信那就是她的女儿。检测结果出来了，意料之外的是，女孩儿与她没有丝毫的血缘关系。一张薄薄的纸，就让她所有的希望与爱落空了。

　　我们去她家，希望用最委婉的方式来向她表述这份遗憾。去的时候，她正在给玉兰梳头。一个多月的时间没见，玉兰和我们第一次见到的时候简直判若两人。脸洗得白白的，透着淡淡的红润，一头乱糟糟的长头发梳成两条油亮的麻花辫子，身上穿着喜庆的红色碎花裙子。她兴奋地说："这孩子很懂事。"她丝毫也没有怀疑我给她们带来的那份结果。

　　绕了大半天，我还是支支吾吾地讲了。我说，结果出来了，

玉兰可能不是你们要找的那个孩子。她像没听明白，脸上一直挂着笑，淡淡地问，你说什么？玉兰不是我的孩子？说笑话吧。我把结果递给她，她摇头说，不用看了，这孩子就是我们的。到底是她家儿子见过世面，他接过去，脸上的笑慢慢就僵住了，说："妈，她不是我妹妹。"她不再笑了，回头看看玉兰，又抢过那份检测书，眼泪就慢慢流下来："怎么会这样，怎么能这样？"她一直喃喃着，好久都没回过神来，连我们走出家门时也浑然不知。

那天下午，我们的车刚开回单位没多久，他们一家人已风尘仆仆地站在我们报社的大门外。她拉着玉兰的手，玉兰的胳膊上挎着一个大大的包，里面塞满了吃的穿的。她说，既然她不是我们的孩子，我们还是把她送回来吧，你们再接着帮她找亲人吧，也接着帮我们找找我们的玉兰。说这些时，她的眼睛一直红红的。说真的，对于这样的结局，我们完全没有吃惊的必要。只是，还是觉得这来得太快了些。

他们把女孩儿交给我们，就匆匆走了。

两条寻人启事，又像两块重重的大石压在了我们每一个人的心上。

找不到亲人的女孩儿，我们只好先安排她住下。她并没有意识到自己的命运在瞬间发生的巨大变化，在我们办公室里好奇地东瞅西摸。那天晚饭时分，她忽然问，妈妈怎么不来接我？我的心一下子缩起来，她到底还是对那个家有印象的。

接下来，我们又忙碌着为女孩寻找亲人，也为她，找她真正的玉兰。不料几天后，在儿子的陪同下她又来了。见到我们，她就急切地问："玉兰呢，她这几天怎么样？"我们抱歉地回答："你的玉兰还没有一点消息呢。"她说："错了，我说的是现在的玉兰。"我有点糊涂，她解释说："我们是来领玉兰回家的。上次回去后想来想去，我们还是放不下她。怎么说，这孩子与我

们还是有缘分的，尽管她是假的玉兰，我们还是决定要她了，直到她找到真正的家为止，找不到，我们就养她一辈子。"

这一切，是我们没有料想到的。

"我们要好好待她，她也是爹娘身上掉下的肉，她的爹娘说不定也正在她不知道的地方为她揪着心呢。世上总是好人多，说不定，我们的玉兰，这会儿也正跟着好心人享福呢……"

看着她再一次拉着女孩儿的手，走出了报社的大门，我的眼睛湿了。

<table>
<tr><td>美德传承</td><td>　　这是多么伟大的一位母亲，明明知道不是自己的孩子，而且还是一个弱智的女孩却依然要收养她。或许七年可以让人忘记许多东西，但是亲情不会泯灭。相信她们都会很好，因为，这世间的每个角落，都会有像她一样善良的人，善良的心。看那蒲公英的种子，借着微风的力量，飘向田间的土地，生根发芽，然后开出一片灿烂金黄的花。那一颗颗善良的心，也会像这朴素的种子，借一股东风，让最真、最美的花，开遍世间的每一个角落。</td></tr>
</table>

善良的底价 ▶▶▶

善良的底价也许只卖10美元，但事实上它应该是无价的。

他拼命地工作，拼命地节衣缩食。几十年下来，从伦勃朗、毕加索到世界各地著名画家的作品，他几乎是应有尽有。

他早年丧妻，只有一个儿子。儿子长大后成了一名收藏家，父亲对此感到十分自豪。

时光流逝，世事无常，这个国家突然卷入了一场战争，儿子只好去参军了。儿子参军后不久的一天，父亲收到一封信，信上说："我们很抱歉地通知您，令郎在战斗中牺牲了。"

儿子的死无疑是一个重大的打击，父亲一下子苍老了许多。圣诞节到了，但父亲一点心情也没有，甚至连床都懒得起，因为他实在无法想象，没有儿子的圣诞节该怎么过？

就在这一天，门铃响了，他打开门，只见一个年轻人拿着一

个小包站在门口。

"先生，也许您不认识我。我就是您儿子牺牲时背着的那个伤兵。"说到这里，年轻人的眼圈红了，"我不是个有钱人，没有什么值钱的东西来感谢您儿子对我的救命之恩。我记得您儿子说过您爱好艺术，虽然我不是个了不起的艺术家，但我还是为他画了幅肖像，希望您能收下。"

父亲接过包裹，一层一层打开，然后一步一步走上楼，来到画室，取下了壁炉前伦勃朗的画，然后挂上自己儿子的肖像。父亲泪流满面地对年轻人说："孩子，这是我最珍贵的收藏。对我来说，它比我家任何一件作品都值钱！"

父亲与年轻人吃了顿饭，一起度过了圣诞节，然后年轻人就离开了。

一年后，忧郁不乐的父亲终于在一个深冬的早上去世了。对于这样一个孤独的老人，他死后，他收藏的所有艺术品都要拿出去拍卖。

拍卖会在圣诞节的那一天举行。世界各地的博物馆长和私人收藏家纷纷赶来，他们急切地想在这场拍卖会上投标，收获自己心爱的作品。

拍卖师站起来说："感谢各位的光临！现在开始拍卖。第一件拍卖品是我身后这幅肖像画。"后排有人大声叫喊："这不过是老人儿子的画像，我们跳过这个，直接进入名画拍卖吧！"

拍卖师解释道："不行，先得拍卖完了这幅画像，其他才能继续。"

会场静下来了。拍卖师说："起价100美元。谁愿意投标？"没人答话。

他又问："有人愿意出50美元吗？"可是依然没人答话。

他继续问："有人愿意出40美元吗？"这一次还是没有一个人吭声。

拍卖师看起来神情有些沮丧，连声音都有些颤抖了，他问："是不是没人愿意对这幅画投标？"

就在这时，一个老人站起来说："先生，10美元可以吗？你瞧，10美元是我的全部家当了。我是收藏家的邻居，我认识这个孩子，我是看着他长大的。说实话，我确实很喜欢他，我想买这幅画，10美元可以吗？"

拍卖师说道："可以！10美元，一次；10美元，两次，成交！"

人群中立即爆发出一阵欢呼，人们议论纷纷："嘿，伙计，现在终于进入正题了。"

拍卖师立即说："再次感谢各位的光临！很高兴各位能来参加这个拍卖会。今天的拍卖会到此结束！"人们似乎被激怒了："这是什么意思？你不是还有那么多名贵的作品没有拍卖吗？"

拍卖师神情严肃地说："很抱歉，各位，拍卖会已经结束了。根据那位父亲的遗嘱，谁买了他儿子的画像，谁就拥有他所有的藏品。这就是善良的底价！"

美德传承

在别人眼里或许儿子的画像并不值钱，但是在父亲眼里，这才是最宝贵的作品。所以当拍卖开始的时候，所有人都不愿意购买儿子的自画像，只有善良而又贫穷的老人肯拿出自己的全部积蓄来购买。也许是这份善良的旨意，让他获得了全部宝贵的作品。请记住，善良永远不会贬值。

少先队活动：争做美德少年

【活动主题】弘扬雷锋精神，争做美德少年

【活动背景】为了进一步贯彻、加强未成年人的思想道德建设，弘扬中华传统美德，学习助人为乐的雷锋精神，培养少先队员养成良好的学习、生活等习惯，营造清洁、文明、和谐的校园氛围，加强我校精神文明建设，优化教书育人环境，根据学校德育工作重点和思路，结合上级的有关精神，特制定我校"弘扬雷锋精神，争做美德少年"活动方案。

【活动目的】1.组织开展形式多样、扎实有效的学习雷锋活动，引导广大师生学习落实雷锋精神，以自己的言行推进学校德育工作的开展。

2.加深少先队员对雷锋精神的认识和理解，促使少先队员自觉、主动地在学习和生活中时刻关注雷锋精神，长期形成学雷锋的氛围。

【活动日期】_____年_____月_____日

【活动流程】

1.全校各中队都要在"弘扬雷锋精神，争做美德少年"的活动中行动起来，积极学习雷锋精神，开展各种学雷锋活动。深刻学习和领会现代雷锋精神的时代含义。学习雷锋精神除了乐于助人外，还包含着爱学习、爱工作、爱祖国等许多方面。

2. 积极做好雷锋精神的宣传教育工作，各位教师要利用班队会、板报宣传等方式对学生进行教育，把学雷锋精神作为对少先队员思想教育的一个很好的契机，让他们在了解雷锋精神的基础上指导少先队员如何结合自己的实际开展学雷锋活动。

3. 做好"三个一"活动：全校少先队员学会一首歌——《学习雷锋好榜样》，每个少先队员至少要做一件好事，各班要开好一次学习雷锋精神的主题队会。

4. 3-6年级每班推选5篇关于"弘扬雷锋精神，争做美德少年"的文章交予少先队大队部。

5. 各班认真总结本次主题教育活动，在以后的教育活动中要将学雷锋活动与行为规范教育活动相结合、与革命传统教育相结合、与献爱心活动相结合、与社会实践活动相结合，让雷锋精神永驻校园。

主题班会：我了解的中华传统美德

【活动主题】弘扬中华美德，争做现代小公民

【活动目的】1.引导学生去感悟、体验和弘扬中华民族传统美德。

2.传播、发扬中华民族传统美德。

3.激发学生争做"真、善、美、新"的现代小公民。

【活动日期】_____年_____月_____日

【班级人数】_____人

【缺席人数】_____人

【活动流程】

1. 全体起立、立正，中队长向中队辅导员报告人数。

2. 出旗、奏乐、敬礼。

3. 唱队歌。

4. 中队辅导员宣布"我了解的中华传统美德"中队主题班会现在开始：

(1) 各小队向队员们汇报收集的关于中华民族传统美德的资料。（讲故事《孔融让梨》《黄香凉席暖被》《杨时谦虚礼貌》《大禹治水》等。）

(2) 播放体现中华传统美德的故事《六尺巷》《孔繁森的故事》等。

(3) 各小队讨论感受，交流所收集的资料。

(4) 中队辅导员谈谈如何争当现代小公民。

5. 中队辅导员讲话：

通过今天的主题班会，同学们更加明白了中华民族传统美德的含

义，也更加明确了自己努力的方向。老师希望大家都能朝着自己的目标前进，争当"真、善、美、新"的现代小公民，老师为你们加油。

6. 呼号：

准备着为共产主义事业而奋斗——时刻准备着

7. 退队旗。

8. 宣布主题队会到此结束。

【活动总结】

弘扬中华民族传统美德，并不是一句挂在嘴上，写在纸上的口号，而是一项深入到广大同学们心灵的工程。我们要把对传统美德的理解落到实处，从每个人每天的身边事、眼前事、平凡事做起。从唱响国歌做起，热爱祖国；从乐于助人做起，服务集体；从听好每一节课做起，追求知识；从辛勤劳动做起，培养习惯；从言而有信开始，锤炼真诚；从严守校规开始，遵纪守法；从不乱买零食做起，艰苦奋斗。遵从"勿以善小而不为，勿以恶小而为之"的古训，严格自律，从细节上完善自身。让我们伸出双手，弘扬中华民族传统美德，共同营造一个文明的家园，在中华大地上撑起一片蔚蓝的天空。

Virtuous juvenile

第二章/原来诚信如此重要

　　不欺骗，不隐瞒，才是正确的人生态度。远离尔虞我诈，圆滑世故，多一份真诚的感情，多一点信任的目光，脚踏一方诚信的净土，就可浇灌出人生最美丽的花朵，夯筑起人生坚不可摧的铜墙铁壁。拥有诚信，一根小小的火柴，可以燃亮一片心空；拥有诚信，一片小小的绿叶，可以倾倒一个季节；拥有诚信，一朵小小的浪花，可以飞溅起整个海洋。

崔枢还珠 ▶▶▶

对人以诚信，人不欺我；对事以诚信，事无不成。

有个叫崔枢的人去汴梁考进士，同南方一个商人住在一起达半年之久，两人成了好朋友。

后来，这位商人得了重病，他对崔枢说："这些天承蒙你照顾，没有把我当外人看待。我的病看来是治不好了，按照我们家乡的风俗，人死了要土葬，希望你能帮我这个忙。"

崔枢为人善良，自然痛快地答应了他的请求。

商人又说："我有一颗宝珠，价值万贯，当年我为了得到它，可谓赴汤蹈火。它确实是极珍贵的宝珠，现在我要不在了，希望你能替我保管好它。"

崔枢怀着好奇的心接受了宝珠。事后崔枢一想，觉得不妥：以后作为一个进士，所需自有官府供给，怎么能够私藏异宝呢？经过一番思想斗争，崔枢做出了一个决定。在商人死后，崔枢在土葬他时就把宝珠也一同放入棺材，葬入了坟墓中。

一年后，崔枢到亳州四处谋生。后来听说，南方商人的妻子从南方千里迢迢赶来寻找她的丈夫，并追查宝珠的下落。

可是还没来得及崔枢辩解，商人的妻子就将崔枢告到了官府，并说宝珠一定是崔秀才得到了。

官府派人逮捕了崔枢，崔枢说："如果墓没有被盗的话，宝珠一定还在棺材里。"

于是，官府派人挖墓开棺，果真如崔枢所说，宝珠还在棺材里。沛帅王颜认为崔枢的可贵品质确实不凡，想留他做幕僚，他执意不肯。第二年，崔枢考中进士，后来一直做到主考官，享有清廉的名声。

美德传承 　崔枢面对价值万贯的无价之宝，仍然信守自己的诺言。商人的妻子赶来时主动完璧归赵，而且拒绝他人的施舍，凭借自己的能力获得了人生更大的财富。崔枢懂得为人之本就是诚信，黄金有价而诚信无价。

一诺千金 ▶▶▶

你的一句承诺背后，可能有十几双期盼的眼睛在等着你，所以，千万要做到言而有信。

我大学毕业参加工作不久，跟着工作组去陕西出差。我们先到了一个很偏远的小镇，接着坐上汽车到了村子里。

开会时我负责照相，一群小孩子好奇地围着我。该换胶卷了，我随手把空胶卷盒给了旁边一个小孩子，她高兴极了，"谢谢姐姐！"其他孩子羡慕地围着看。

看到小孩儿喜欢，我又拆了个盒给了另一个小孩儿，他兴奋得脸都红了。我翻翻书包找出两支圆珠笔分给孩子们，更多的孩子盼望地看着我的包，我真后悔没多带两支。我拉着一个穿红碎花小褂的女孩儿问道："你叫什么呀？""小翠。""有连环画没有？""没有。"旁边男孩儿说："学校只有校长有本字典。""姐姐回北京给你们寄连环画来，上面有猫和老鼠打架，小鸭子变成天鹅的故事。"听得他们眼睛都直了。

我拿出笔记本，记个地址吧，"陕西×县李庄小学。""谁收呢？""俺姐识字，她收，写李大翠收。"

从陕西又转道去四川、青海，回北京忙着写报告，译成英文，开汇报会，一晃两个月过去了。偶尔翻到那页，"李大翠？噢，李庄小学。"想起小村子的孩子们，犹豫了一下："孩子们早忘了吧。就是寄过去，也许路上丢了，也许被人拿走了，根本到不了他们手里。"

不过第二天还是托有孩子的同事带些旧书来。大家特别热情，没几天我桌上就堆了好几十本，五花八门什么都有：《黑猫警长》《邋遢大王》《鼹鼠的故事》《十万个为什么》《如何预防近视眼》，居然还有一本《我长大了，我不尿床》，呵呵，婴儿妈妈给的。我从家里找了本《新华字典》，又跑到书店买了本《课外游戏300例》一同寄走了，这一下就是一个月。

快忘了的时候，陕西的信来了，李大翠写的：

"北京姐姐你好，从你走以后，村里的娃娃们天天都说这事。我们经常去镇上的邮局看看，嘱咐那儿的叔叔、婶婶，'北京的信一定收好啊，我们的。'等了两个月没有，村里大人笑我们，'北京的姐姐随口说的，城里人，嘿嘿，不作数的。'我们不信，姐姐清清楚楚地在本本上记了我们的地址啊。后来发大水了，俺娘不让去。我拉着小翠偷偷去，其实不远，半天就到了。万一书寄来了呢，万一我们不在别人拿走了呢。那天终于收到了，姐姐，你知道我们有多高兴吗？用化肥袋子包了好几层，几十里路跑着回来的。晚上全村的娃娃们都到我家来了。小翠搂着书睡的，任谁也拿不走。第二天拿到学校，老师说建个图书角，让我当管理员。看书的人必须洗干净手，不能弄坏了。书真好看，故事我们都背下来了，还给俺娘讲哩。"

我看着窗外，眼睛湿了。想着那两座高山，漫过桥的大水，泥泞的山路上一高一矮两个单薄的身影。我为曾经的犹豫感到羞愧，幸亏寄出去了，要不永远对不起孩子，永远欠着一个心债，伤了的心拿什么来补呢？

我后来陆续又寄了一些书和文具。秋天来了，收到一个沉甸甸的大包——李庄的"大枣"，红亮红亮的透着喜庆，里面夹着纸条：姐姐，队长说今年最好的枣不许卖，寄给北京。我把枣分给捐书的同事，大家都说从来没吃过这么甜的枣。

从那以后，我明白了什么叫"一诺千金"，什么叫"言而有信"。

美德传承　　在孩子们心中，一位来自城市里的大姐姐许下的承诺，就是他们整年里最大的期盼。一诺千金，不仅仅是古训，更是现实中，一些人的真实的期盼，也是最珍贵的品质。做到言而有信，不仅对自己的承诺有了交代，而且对自己也问心无愧。

一百美元的诚信 ▶▶▶

区区一百美元，却如春天的火把，点亮了希望。

他是我的得意门生之一，其就业事迹及工作照片上了学校各类海报。短短三年，他从一名小职员，做到了厦门一家船务公司的执行董事兼总经理。

我问他："你接触的人多，见的世面广，这些年，你印象最深的是什么呢？"他说："一百美元。"接着，他给我讲了一个关于一百美元的故事。

前几个月，他接待了一艘来自美国波士顿的船，彼得跟的正是这艘船。这个美国小伙子，和他一样，毕业没几年，也是个新手。彼得是个"中国通"，一下船就拉着他去酒店，嚷嚷着要"搓一顿"。

这一点，让他倍感新奇，因为欧美的生意伙伴，公私分明，就算是情义深厚的朋友，一旦涉及花费，都是AA制。那一次，彼

得请他吃饭，外加在酒吧喝酒，总共花掉了七八百美元，硬是没让他掏一分钱。醉意之中，他觉得这个美国小伙子，很谈得来，够哥们儿义气。

后来，他一直忙公司的事，想回请的时候，彼得的船已装卸完毕，准备起航回国了。他追到码头的时候，公司财务经理也追了过来，对着站在甲板上的彼得高喊："彼得，您少交了一百美元。"作为领导，他拦住了财务经理，对她说："算了，这个钱我来付！"只见彼得一边挥手，嘴巴一张一翕，却听不见他在说什么。

这时，彼得返回舱内，用海事卫星电话与他联系起来。彼得说："LULU，对不起，我想起来了，我少交了一百美元，请你原谅，回国后，我一定打到你公司账户。"他说："不用，我代你补齐就行了。没事的。"

彼得说："这不行，这钱我一定会汇过来。"返回公司，他自己掏出一百美元垫上。之后，他辞职离开公司，到上海、广州和深圳考察市场，为未来寻找机遇。

到了深圳，有一天，他接到彼得从波士顿打来的电话："LULU，终于打通你的电话了，找到你真不容易啊。快告诉我你的私人账号，我要将那一百美元给你汇过来。"原来，彼得已将一百美元打到公司账户上，但是，因为他将这一欠账给填补了，公司又给退了回去。彼得又通过多种途径，才找到他现在的手机号，并执意要将钱汇过来。

真的婉拒不了，彼得太执着、太认真了。这么来回折腾，光国际汇款手续费，也快到一百美元了呀。

酒过三巡，故事也讲完了。我的学生LULU说："彼得显露出了生意人应有的秉性，哪怕经济危机当头，也不丢诚信；哪怕私交再好，情归情，钱归钱，泾渭分明。"在我看来，这一百美元，不仅仅是生意上的诚信，更应该是全球金融危机之下，点亮春天的火把，是为摆脱困境而燃起的希望之光。

美德传承　　诚信，是生意场上最耀眼的钻石，是乌云之上光照天下的太阳，更是我们摆脱危机、安身立命的法宝。拥有了诚信，你就像是拥有了一张通行证，一张无形的"王牌"。其实，在任何一个场合，诚信何尝不是起着这么重要的作用呢。

不让一袋棉花丢失 ▶▶▶

坚守自己许下的诺言，需要抵御住难以想象的诱惑，但如果想成为一个正直的人，你就必须坚持守信。

在1861年4月12日凌晨4时30分，伴随着萨姆特堡的隆隆炮声，蓄势已久的美国南北战争爆发了。战争爆发后，南方奴隶主率领的军队把萨姆特堡包围了。北方军队的一个陆军上校接到命令，让他保护军用的棉花，他接到命令后对他的长官说："我不会让一袋棉花丢失的。"

没过多久，美国北方一家棉纺厂的代表来拜访他，说："如果您手下留情，睁一眼闭一眼，您就将得到5000美元的酬劳。"上校痛骂了那个人，把厂长和他的随从赶了出去，他说："你们怎么能想出这么卑鄙的想法？前方的战士正在为你们拼命，为你们流血，你们却想拿走他们的生活必需品。赶快给我走开，不然我就要开枪了。"

可是由于战争的爆发，南方农场主的棉花运不到北方，又有一些需要棉花的北方人来拜访他，并且答应给他10000美元作为酬劳。

上校的儿子最近生了重病，已经花掉了家里的大部分积蓄，就在刚才他还收到妻子发来的电报，说家里已经快没钱付医疗费了，请他想想办法。上校知道这10000美元对于他来说就是儿子的生命，有了钱儿子就有救，可他还是像上次一样把那个贿赂他的人赶走了，因为他已经向上司保证过，"不会让一袋棉花丢失"。

又过了些日子，第三拨人又来了，这次给他的酬劳是，20000美元。上校这一次没有骂他们，很平静地说："我的儿子正在发

烧，烧得耳朵听不见了，我很想收这笔钱。但是，我的良心告诉我，我不能收这笔钱，不能为了我的儿子害得十几万的士兵在寒冷的冬天没有棉衣穿，没有被子盖。"

那些来贿赂他的人听了，对上校的品格非常敬佩，他们很惭愧地离开了上校的办公室。

后来，上校找到他的上司，对上司说："我知道我应该遵守诺言，可是我儿子的病很需要钱，我现在的职位又容易受到很多诱惑，我怕我有一天把持不住自己，收了别人的钱。所以我请求辞职，请您派一个不急需钱的人来做这项工作。"

他的上司听了他的话，说："你是一个诚实正直的好军人，你已经战胜了人性的弱点，出色地完成了任务。我批准你的辞职申请，但是你必须答应我一个条件，这个条件就是收下我以个人名义奖励给你的10000美元奖金。"

美德传承　　在诺言面前，有时候我们会有诸多理由去失信，比如摆在面前的许多利益和诱惑。但真正正直的人，是可以抵御住许多诱惑而坚持下去的，也只有这样的人，才能够得到人们的信赖，才能成为可以委以重任的人才。

寄自天国的账单 ▶▶▶

每个人，都应该保证在离开这个世界时，从来不违背自己承诺过的诺言。

吉诺尔洛是塞纳河边上的一座小镇。有人说，在镇上维纽斯的名气甚至比镇长还要大。这话不无道理，走在镇上你问一个七岁的孩子，他可能不知道镇长的名字，但是他肯定知道住在镇东头一所小木板房中的那个老人叫维纽斯。

维纽斯是以负债出名的。在吉诺尔洛，如果有人说维纽斯没有借他的钱，别人就会投来怀疑的目光。维纽斯欠镇上人家的债，少则几法郎，多则几百。

终于有一天，有人说维纽斯病倒了，大概快不行了。大家想着这个老家伙还欠着我的钱呢，他要是去了天堂，谁替他还债呢？于是，通往镇东头的路上从早到晚行人不断，维纽斯的小木板房顿时热闹起来。

"维纽斯，你欠我400法郎，我知道你现在没有那么多钱，可是，多少总该还一些吧。""维纽斯，你还记不记得，六十年前你向我借了1法郎，那时我才六岁，那是我母亲给我买早点的钱。你只要还我1法郎，你到了天堂就少背一个包袱啊。"维纽斯并不慌张，他已经和这些债主们打了一辈子交道，他知道该怎么应对。维纽斯和前来讨债的债主们周旋，别看他已经是快入土的人了，思路依然敏捷。

说来也怪，维纽斯的身体竟然渐渐好了起来，原先经常咳嗽，说几句话就要喘气，现在居然能成天应对债主们，一点儿也不感觉累。维纽斯自己也发现，一有债主上门，他就特别兴奋，有几次，他甚至从那张单人床上爬了下来，坐在木椅上和来人争辩。

一段日子后，人们发现维纽斯真的是还不出钱来了，一个法郎也还不出来了，于是大家不再去讨债了。维纽斯在家中盼呀盼呀，总是没有人来敲门。不多日，他的病情又加重了，又开始不住地咳嗽，又起不了床了。维纽斯知道自己真的不行了，但他还不肯瞑目，他等着，等着……终于有一天，木门被推开了，进来的是艾瓦里，他不是来要债的，他只是来看看这个可怜的人还需要什么帮助。

维纽斯示意艾瓦里，让他从屋角的地下挖出一个瓦罐。那是一个古色古香的工艺品，显然出自遥远的国度。艾瓦里打开瓦罐的盖子，里面是一些金币和一本账册。那些金币不算多，也不太少。维纽斯让艾瓦里坐到他的床边上，他艰难地、几乎是用尽所有的力气，把生命中最后一件事托付给艾瓦里。

"艾瓦里，你是知道的，在我十二岁的时候，我的父亲就离家出走了。不久，母亲也去世了，我成了一个孤儿。我害怕孤独，我曾经出去过几次，也确实挣了一些钱，但每一次我都回到吉诺尔洛，就是因为这里有我的债主，没有你们上门讨债，我无法排解孤独。这些年来，千方百计地和你们周旋，这是我生活中最大的乐趣，也是我生存下来的支撑。我快要死了，艾瓦里，就请您帮我办最后一件事。我欠大家的钱都记在那本账册上，而罐子里的金币，我大致估算过，有我欠债的十倍。当我死后，您就按账册十倍偿还……"

第二天，维纽斯就去世了。几天之后，吉诺尔洛所有维纽斯的债主都收到一只信封，里面装着一份账单，和账单上十倍数目的现金。

那些信封的落款处都写着：寄自天国。

<table>
<tr><td>美德传承</td><td>对于维纽斯来说，欠债是他排解孤独的方式，但是，他在生命的最后一刻，还是将自己欠下的债以十倍的数目还清了。因为对于任何一个人来说，当你向别人借一样东西时，就等于将自己的信誉压在了上面，想要让自己在离开这个世界后，依然被称作是守信的人，就必须归还你所借的东西。所以，养成即使借人东西也要及时归还的好习惯，也是维护你自己信誉的好方式。</td></tr>
</table>

从一毛钱的诚信起家 ▶▶▶

即使一毛钱的诚信，也可以铸起一位富商。

岛村芳雄是日本赫赫有名的富商，他是在几年的时间内迅速富起来的。人们问他秘诀，他总是说："我是从一毛钱的诚信起家的。"

岛村先生原来是一个小批发商，干了几年以后，渐渐体会到诚信在商业交往中的作用，于是就想出一个赢得信誉的好方法。

日本的渔民很多，麻绳是他们必不可少的生产工具，如果能够做麻绳生意，一定会很快富起来。于是，他就决定做批发麻绳的生意。

他先从一家生产麻绳的厂家进货，然后又以原价卖给了东京一带的工厂和零售商，自己不但一分钱没赚，还赔上了一大笔钱。

一年以后，人们都知道他是个"做赔本买卖"的商人，于是订货单像雪片一样飞到了岛村的手中。聪明的岛村找到生产麻绳的厂家，说："过去的一年里，我从你们厂购买了大量的麻绳，而且销路一直不错，可是我都是按进价卖出去的，赔了不少钱，如果我继续这样做的话，没几天我就要破产了。"

厂方看了岛村开出的货单后，果然是原价销售。考虑到向岛村订货的客户很多，于是，厂方就决定让五分钱卖给他。

岛村又来到他的客户那里，很诚实地说："我以前为了扩大影响，原价出售麻绳，现在我的钱已经快赔光了，再这样下去，我就要关门停业了。我刚从麻绳厂回来，他们决定每根麻绳让给我五分钱。"几个客户同岛村一起看了进货单，知道岛村说的是实话，于是，就决定每根麻绳再加五分钱。

由于岛村的诚实，总是跟厂家和客户说出自己在中间赚了多少钱，因此赢得了人们的信任，人们也都愿意和他有生意上的来往。

　　做赔本生意的岛村其实是有着自己的过人之处的，他看到了诚信在商业交往中的作用，想出一个赢得信誉的好方法。或许你会觉得他很傻，但是让别人看清自己有时候很重要。你遵循经商中的准则，你就赢得了别人的信任，也可以为自己赢得更大的财富。

原来诚信如此重要 ▶▶▶

不要小看诚信的力量，它其实可以为我们带来很多的财富。

在我的生活里无论对人对事，从来都是以诚相待，从未想过坑蒙拐骗。或许因为如此，每一步都能走得踏踏实实。

在饭店打工的数年里，有不少人都是这儿干两个月，那儿干两个月，总是频繁地换地方，结果钱根本攒不下来。我和老公却能在一个饭店干上几年，手艺是一方面，重要的是人格和诚信。唐山滦南的起然酒店是我待的时间最长、感情最深的地方，老板辰辰是个特别讲义气的人，最初在那干了两年多，中途由于特殊原因，饭店关门了。神龙酒店的老板郭锡锰来接我们去他的饭店。

当时辰辰对我们讲：饭店以后一定还会再开的，到时会把我们再找回来！在神龙酒店干了不到一年的时间，辰辰真的回来找

我们了，说酒店要重新开业。我们在神龙酒店干得也非常好，和所有的人也都很有感情，真的有点不想走了。郭锡锰为了留住我们，承诺只要我们留下来，给我们开的工资一定要比回辰辰那里高得多。

在去与留当中我和老公选择了回去。因为当初我们走的时候答应了人家回去，就应该兑现自己的承诺，信誉比金钱更重要。

我们走的那天，郭锡锰摆了一大桌子菜为我们饯行。我永远忘不了他当时说的话：我能找到比你们手艺更高的厨师，但找不到比你们再好的人了！我知道这句话是我们用人格和信誉赢来的，这是多少钱都买不到的！直到现在，偶尔碰到从唐山回来的厨师，他们还说辰辰、郭锡锰等不少人总打听我们现在的情况，还在关心我们，真的很让我感动。

近几年自己开店，从当初几百元的小店发展到现在的规模，更是尝到了诚信的甜头。孩子们都喜欢我的小店，只要我们有的东西就不会去别人家买，因为他们相信我们的东西是最好的，价格是最低的。有些家长来买东西时就说：我们孩子说了，必须到你这来买，这不多走了好几里路！看着家长信任的目光，我知道了诚信这块招牌有多么重要。

前几天，南方做塑料袋的给我打电话，说在奈曼，要来取为我们做塑料袋的钱。我那天正好要去北京，要到奈曼坐火车。我想他也不容易，就告诉他不要来了，我路过奈曼，正好给他直接带过去。

见了面，我把钱付给了他，当时那个南方人很感动，他说的话我还不太懂，反正是非要请我吃饭不可，我告诉他，6点钟还要赶车，我爸爸妈妈还在火车站等我，心意领了。南方人最后诚恳地告诉我：请你吃饭，绝对没有别的意思，你放心。你不知道现在要账有多难，有些人见你来要钱都要躲起来，还从来没遇见像你这样讲信誉的人，能把钱给送过来。所以这顿饭不吃绝对不行！哎，盛情难却，我只好吃了一顿。临走的时候，南方人告诉我，我不光可以让他给我做塑料袋，还可以接别的商店的活儿，到时候只要够数量，一个塑料袋能给我提一分钱。

诚信再一次让我无意中多了一条生财之道！

<table>
<tr><td rowspan="2">美德传承</td><td>一对普普通通的打工夫妇，却受到很多人的惦记，平凡之中毕竟有着不平凡的地方。他们不受金钱的诱惑，将信誉看得比金钱更重要。有了诚信的招牌，每个人都格外尊敬他们。</td></tr>
<tr><td>诚信对于每一个人都很重要，有了诚信的光芒，不仅可以为自己赢得信誉，还可以创造宝贵的财富。</td></tr>
</table>

阿Q办厂 ▶▶▶

世间处处有诚信。弄虚作假，耍小聪明，终归会断送前途。

突然"砰砰砰"，土地庙的门被拍得大响，外面有人叫道：阿Q，办厂去。同去，同去，阿Q忙奔过去了，谁知没跑上几步，便被什么东西绊了个跟头。这时，阿Q终于从梦中惊醒了。

现在国家实行改革开放政策，允许私营企业发展。于是未庄掀起了办厂热，王胡和小D都开设了自己的工厂，当上了老板，腰挂BP机，手捧大哥大，风光得不得了。他们见了阿Q，连眼皮都不抬一下。一想到这，阿Q就气愤："妈妈的，不就是个工厂吗，俺老Q也去办一个！"

阿Q还算是有商业头脑的人，他看见未庄的男女老少洗头发时都用一种黏稠的绿色的像鸟粪一样的东西在头上涂抹，一打听，才知道这叫洗发水。阿Q于是发现了商机，赶紧注册了一家日用品公司，专门生产洗发水。

阿Q将厂房建在未庄旁边的未河边。

这未河原本清澈见底，鱼虾众多，谁知前几年假洋鬼子与赵太爷合伙办了一个造纸厂，废水全排到未河里。现在河里鱼虾早已绝迹，河水也已变成了深绿色。阿Q将厂址选在这里，就是为了就地取材，用这一池绿水做原料。

很快厂子建了起来。阿Q雇了吴妈和小尼姑做工人，吴妈提水，小尼姑往水里掺下猪糠，阿Q再往里面撒一些香料，就这样一瓶洗发水制成了，阿Q不禁为自己的聪明而沾沾自喜。

阿Q又到外地去收购了一些洗发水瓶，然后将厂里生产的"产品"分装到瓶中，拿到外面去销售。

起初，阿Q的洗发水无人问津，产品严重积压。阿Q于是又动起了脑筋。

阿Q花钱到电视台去做了一个广告，宣称：未庄Q公司生产的全新绿色瓶装洗发水，保证让您的秀发亮丽动人，乌黑飘逸。

几天后，广告的效应惊人地出现了。阿Q的产品传遍大街小巷，小到孩子，大到老人，没有人不知道阿Q公司生产的洗发水的。就这样，阿Q的洗发水渐渐变得十分畅销。自然而然，阿Q的腰包逐渐鼓了起来。

阿Q心想，原来赚钱这么容易，看看还有谁敢看不起我？每次一想到这，阿Q心里就美滋滋的。

谁知好景不长，没过几天，Q公司来了几个大盖帽，将厂房封了，还罚了阿Q20万，原因是阿Q制造假冒伪劣商品，制作虚假广告，欺骗消费者。

这下阿Q破产了。他每次走到王胡、小D的工厂前看到那一片红火的样子，就愤怒："妈妈的，总有一天，绿盔绿甲的公安要将你们抓去砍头，'嚓嚓'！"

美德传承	阿Q本来很有商业头脑，于是发现了商机。但是他却没有遵循商业的规则，殊不知商业中更要讲究诚信。弄虚作假，耍小聪明，也许能得到一时的满足，终究会有败露的一天。"言必信，行必果"是对阿Q的最佳忠告。

小提琴手的回答 ▶▶▶

为了自己的诚实改变未来的行程，其实就是让自己走上正途。

某个周五晚上，在繁忙的纽约市，一个清贫的年轻人站在地铁站口拉小提琴。虽然琴声悦耳，但路人依然行色匆匆，准备回家过周末。不过在这样的情况下，还是有很多人放慢了脚步，往那个年轻人的帽子里扔了些钱。

第二天，年轻人又来到那个地铁站口，优雅地把帽子放到地上后，又拿出一张大大的纸，把它铺到地上。然后调琴、演奏。

没多久，年轻的小提琴手周围就围满了人——他们是被纸上的字吸引过来的。上面写道："昨晚，一位名叫乔治·桑的先生错将一件很重要的东西扔到我帽子里了。请速来认领。"

看到写的这些字，一下子激起了人们的兴趣，大家都想知道那会是什么东西。大约半小时之后，一位中年男子急匆匆地赶来。他冲进人群，挤到小提琴手面前，抓住他的肩膀，说："是你，是你，你真的来了。我就知道你是个诚实的人，你一定会回来的。"

年轻的小提琴手冷静地问道："您丢了什么东西？" "彩票，我丢了彩票。"男士答道。小提琴手拿出一张彩票，上面有"乔治·桑"的字样。"是这张吗？"年轻人问。乔治·桑迅速点了点头，一把抓过彩票，亲吻起来，然后拉着年轻人跳起舞。

乔治·桑是一位办公室职员。几天前，他买了一张彩票，昨天开奖后，他中了50万美元奖金。因而，下班后他异常高兴，感觉琴声也是如此的动听，于是他就掏出50美元放到小提琴手的帽子里。但是，彩票也被带了进去。这位小提琴手是某所艺术学院

的学生，他已打算去维也纳深造，并订好了翌日早上的机票。然而，他在收拾帽子里的钱时，发现了那张彩票。想到失主可能会回来找，他就取消了行程，回到了拉小提琴票的地方。

后来有人问："那个时候，你很需要钱来缴学费，所以你每天都到地铁站拉小提琴。你为什么不把那张彩票据为己有呢？"

小提琴手说："虽然我的钱不多，可是我活得很快乐。但是，如果我丢了诚实，我将永远快乐不起来了。"

美德传承　　小提琴手为了能够将那张中奖的彩票归还给失主，他选择站在原来的地方守候。其实，他守候的不只是失主，更是自己一直保持的诚实和快乐。就像他自己说的，他虽然没钱，但是他的灵魂干净，他因为一直诚实而快乐。

此时需要诚信 ▶▶▶

绅士为何被一个蓬头垢面衣衫褴褛的小男孩儿打动了？

在18世纪的英国，一天深夜，一位有钱的绅士走在回家的路上，被一个蓬头垢面衣衫褴褛的小男孩儿拦住了。"先生，请您买一包火柴吧！"小男孩儿说道。"我不买。"绅士回答。说着绅士躲开男孩儿继续走，"先生，请您买一包吧，我今天还什么东西也没有吃呢。"小男孩儿追上来说。

绅士看到躲不开男孩儿，便说："可是我没有零钱呀。""先生，您先拿上火柴，我去给您换零钱。"说完男孩儿拿着绅士给的一个英镑快步跑开了，绅士等了很久，男孩儿仍然没有回来，绅士无奈地回家了。

第二天，绅士正在自己的办公室工作，仆人说来了一个男孩儿要求面见绅士。于是男孩儿被叫了进来，这个男孩儿比卖火柴的男孩儿矮了一些，穿得更破烂。他对绅士说："先生，对不起了，我的哥哥让我把零钱给您送来了。""你的哥哥呢？"绅士问。"我的哥哥在换完零钱回来找您的路上被马车撞成重伤了，在家躺着呢。"绅士被小男孩儿的诚信深深地感动了。"走！我们去看你的哥哥！"去了男孩儿的家一看，家里只有继母在照顾受到重伤的男孩儿。

一见到绅士，男孩连忙说："对不起，我没有给您按时把零钱送回去，失信了！"绅士却被男孩的诚信打动了。当他了解到两个男孩儿的亲生父母都双亡时，毅然决定负担起他们生活所需要的一切。

美德传承　生活中的我们要懂得履行承诺，像文中的小男孩儿一样，人穷志坚，不管发生任何情况，仍然想方设法履行自己的诺言。许下的誓言是对他人的承诺，更是对自己人生的承诺，自己在不经意间也会得到意想不到的回报，这是诚信的馈赠。

诚信是智慧的花朵 ▶▶▶

诚信是人类社会最美丽的花朵。

一家工厂的一台机器坏了，厂长在全国聘请师傅来修理，但是，都没能修好。这天来了一位农民打扮的人，自称能修好，但是要花10万元。厂长说："只要能修好，别说10万，20万都行。"那位农民要签订协议。厂长不高兴地说："我还会说话不算话？"但是农民态度坚决，厂长只好照办，只要修好，报酬20万元。农民看了协议后说："第二天上班之前保证修好。"说完就走了。厂长愣了，惊诧于农民这么有把握。

第二天，厂长很早就来了，但是差10分就8点了，仍然不见那位农民，这时，一个小男孩在机器旁边转了一圈。厂长正要训斥那孩子，只见小孩子走过来说："机器修好了，给钱吧！"咦，真是奇怪了，小屁孩，还想骗我钱，如果没修好，看我怎么修理你。厂长边想边说："好，看看去。"果然，机器运转自如，这下，厂长顿觉有点神奇。

厂长疑惑地问小男孩："你怎么修好的？"

"我师傅教的。"

"你师傅怎么没来？"

"他昨天来了啊。"小男孩回答说。

"那你怎么一看就修好了？"

"我师傅做好了记号，现在请您给钱吧！"

本来说好了给20万元，现在就是这10万元厂长也不想给。"我师傅真是料人如神，他让我修好一半。"小男孩笑笑说，"机器就像人，人讲信用，机器也就灵；人无信用，机器就没了灵性。"

厂长还是耍起了滑头，说："今天没钱，明天来取吧。"厂长还要求男孩的师傅亲自来。

男孩很无奈，只好回去。机器很快又失灵了，但是，再也没人能修好了，那位师傅呢？那个孩子呢？他们去了诚信的地方，他们到哪里，哪里的经济就繁荣发达，人民就安居乐业。

美德传承

虽然男孩将机器修好了，但是厂长却说自己没有钱，厂长以为自己很聪明，可最后的下场是什么？机器又一次坏了，而且再也没有人给他来修理，因为他丢掉了诚信。生活在这个社会上，没有诚信就无法立足。很多时候或许为了占一点小便宜而不守信用，但是如果为长远考虑，其实你失去了更多。

班队会：保护环境、爱我家园

【活动主题】保护环境、爱我家园

【活动目的】1. 德育目标：激励学生热爱大自然、珍爱生命的情感，初步形成环保意识、合作意识与创新精神。

2. 知识目标：让学生了解一定的环境保护知识，懂得人与自然和谐共存的道理，知道环境污染的危害。

3. 能力目标：培养学生综合观察、分析的能力、动手制作能力和初步的审美鉴赏能力。

【活动日期】_____年_____月_____日

【班级人数】_____人

【缺席人数】_____人

【活动流程】

1. 征集环保寄语。调动每个学生参与的积极性，让学生通过观察，在生活中发现问题，思考环保寄语，并想一想，我们怎样和植物交朋友。

2. 参观中英文环保语录牌及植物标志牌。以班级为单位，利用活动课时间，由班主任带领学生参观。

3. 举办环保科学知识讲座。邀请环保专家通过校内电视为全体师生进行讲座。

4. 征文比赛。在三年级组内开展征文活动，征文以环境保护为题，形式、体裁不限，文章不超过500字，设一等奖2名，二等奖4名，三等奖6名。

5.绘画比赛。在三年级组内开展绘画比赛，设一等奖4名，二等奖6名，三等奖8名。

6.废旧物品小制作。参加小制作的同学，根据自己制作内容搜集和选择一些废旧材料进行设计、制作。各班在选拔的基础上，选送两件参加年级内小制作展览。评出一等奖2名，二等奖4名，三等奖6名。

7.开展环保知识竞赛。以班级为单位先进行初评，然后每班选派×××参加半决赛，最后评选出前四个班级参加决赛。评选出优胜队、优秀队各一个，环保小博士、环保智慧星各一名。

8.到各班级颁发征文比赛、绘画比赛、环保知识竞赛、小制作评选等奖项的奖状及证书，并召开"大家讲环保"主题班队会。

【活动总结】

1.通过听讲座，同学们了解了世界环境日的时间与意义，知道了今年环境日的主题，认识到环境污染事件对公众健康与生命安全造成的极大危害。

2.在征集环保寄语活动中，训练了学生的创新思维。学生们写道："争做校园花草的美容师"、"不要踩我，我也怕疼"、"花儿很美，爱它的人心灵更美"、"让绿色和我们一起成长"，充分表现出孩子们的爱心和创意。

3.在瘦西湖公园游园活动中，学生们亲近大自然，感受自然美，班队会展示了孩子们的艺术天赋，培养了他们的综合素质。

4.易拉罐等废物利用做成小手工艺品的过程，锻炼了孩子们的动手实践
   能力，使他们品尝到了创造的喜悦。

5.征文、绘画、知识竞赛等活动，培养了学生们的竞争意识、合作意识
   及成功感、自豪感。

Virtuous juvenile

　　宽容是一种修养，宽容是一种胸怀。记得一首诗这样称赞宽容：宽容是蔚蓝的大海，纳百川而清澈明净；宽容是高阔的天空，怀天下而不记仇恨怨愤；宽容是灿烂的阳光，送你甘霖送你和风；宽容是延续的生命，生命的辉煌也只有闪烁的一瞬。人生有了这种宽容的气度，才能安然走过四季，才能闲庭信步笑看花落花开。一语宽容，雨露缤纷，一生宽容，心系乾坤。

宽容比自由更重要 ▶▶▶

丘吉尔一直支持自己母亲，即使遭到很多人的反对和嘲笑。

那是1874年11月30日的夜晚，伦敦的布伦海姆宫灯火辉煌，一群贵族男女在这里翩翩起舞。突然，一位活泼、美丽的贵族夫人连声叫喊肚子疼痛，人们赶快把她扶到就近的一个临时女更衣室。一个早产儿就这样非同寻常地来到了人间，他就是温斯顿·丘吉尔。

丘吉尔是英国显赫的贵族公爵马尔巴罗家族的后代。英国除了王室以外，公爵家庭总共不超过20个，马尔巴罗家族按封爵次序名列其中第十位。丘吉尔的母亲詹妮是美国百万富翁杰罗姆的女儿，她在1873年与丘吉尔的父亲伦道夫结婚，1895年1月24日伦道夫因病医治无效，溘然去世，终年四十六岁。这时的詹妮虽已四十多岁，但依然美艳惊人，风姿绰约。不久，她便萌生了嫁给一个二十五岁男人的想法。然而消息一经传出，立刻遭到众多亲友的反对。就在詹妮几乎要放弃了的时候，詹妮二十五岁的儿子，与母亲要嫁之人同岁的丘吉尔，坚决地握住她的双手："亲爱的母亲，就算全世界都反对您，我也会勇敢地站在您这边。所以，请您也一定要勇敢。"儿子坚毅、鼓励的目光，让詹妮义无反顾地披上了洁白的婚纱，但这桩婚姻并没有维持多久。

十多年过去了，詹妮的儿子丘吉尔已经凭借卓越的才能跻身政坛，六十岁的詹妮也要再次迎来婚礼。这次的决定同样遭到众人强烈的反对，尤其是儿子的那些反对派们，詹妮犹豫了。这次与上次不同，丘吉尔打小就怀有雄心壮志，并且具备实现远大理想的能力。她不想因为自己贻误了儿子的前程。然而，令她意想不到的是，儿子又一次握住了她的手："如果让我在仕途与您的幸福之间作选择，我会心甘情愿地选择后者。请您不要再有任何顾虑。只有母亲幸福，我才幸福。"

詹妮又一次无比快乐地步入了婚姻的殿堂。婚礼上，儿子依然像上次一样，坚强地站在她的身边，而另一边则是比儿子还要年轻的三十六岁的新郎。能够两次接受母亲的婚姻，也许很多人都做得到。而面对沉重的压力，丘吉尔两次接受和自己年龄差不多的人做自己的继父，这需要多么豁达的胸怀。

1908年8月15日，伦敦报纸登载了一条引人注目的消息：三十三岁的内阁贸易大臣温斯顿·丘吉尔先生与二十三岁的克莱门蒂娜霍齐娅小姐订婚。举行婚礼的这一天热闹非凡，宾朋满堂，欢歌笑语。证婚人是财政大臣劳合乔治，而他选择的男傧相却是他在下院的一个坚决反对者，也就是休塞西尔勋爵。当时丘吉尔推行一系列争取工人拥护的社会改革，包括休塞西尔勋爵在内的贵族集团坚决反对这些改革。这里反映了英国政治生活中的一个很有意思的特点：人们可以在下院和政治集会上相互咒骂，在个人生活中却能成为亲朋好友，亲密无间。在政治生活中虽然是公敌，却不妨碍他们在私人生活中称兄道弟。

恩格斯《在马克思墓前的讲话》中也这样说过："马克思是当代最遭嫉恨和最受污蔑的人，而我敢大胆地说：他可能有过许多敌人，但未必有一个私敌。"西方近代的这种文化现象是多么耐人寻味。

美德传承

　　丘吉尔尊重母亲的选择，即使母亲要嫁给比自己还要小的男人，即使要面对很多人的嘲笑。丘吉尔请休塞西尔勋爵做男傧相，尽管他是丘吉尔的反对者。

　　事实上宽容比自由更重要，这种宽容来源于对每个人权利的尊重：我虽然不赞成你的观点，但我坚决捍卫你发表观点的权利；我虽然不支持你的行动，但我坚决维护你合法行动的自由！

宽恕 ▶▶▶

一对父子相互扶携，走在落日的余晖里，谁会想到，他们本是仇人。

我的爸爸是任何人都会引以为荣的一个人。他是位知名律师，精通国际法，客户全部来自大公司，因此收入也相当可观。

我是独子，当然是三千宠爱在一身。不过爸爸没有惯坏我，可是他给我的实在太多了。我们家很宽敞，也布置得极为优雅。

爸爸的书房是清一色的深色家具，深色的书架、深色的橡木墙壁、大型的深色书桌，书桌上造型古雅的台灯。爸爸每天晚上都要在他书桌上处理一些公事，我小时候常趁机进去玩，爸爸有时也会解释给我听他处理某些案件的逻辑。他的思路永远如此合乎逻辑，以至我从小就学会了他的那一套思维方式，也难怪每次我发言时常常会思路很清晰，老师们当然一直都喜欢我。

爸爸的书房里放满了书，一半是关于法律的，另一半是关于文学的，爸爸经常鼓励我看那些经典名著。因为他常出国，我很小就去外国看过世界著名的博物馆。我隐隐约约地感到爸爸要使我成为一位非常有教养的人，我相信在爸爸的这种刻意安排之下，再笨的孩子也会有教养的。

我现在是大学生了，几乎一个月才会和爸妈度一个周末。前几天放春假，爸爸叫我去垦丁，在那里我家有一个别墅。爸爸邀我去海边散步，当时太阳快下山了，我们在一个悬崖旁边坐下休息。

我提起社会公义的问题，爸爸没有和我辩论，只说社会该讲公义，更该讲宽恕。

他说："我们都有希望别人宽恕我们的可能。"我想起爸爸也曾做过法官，就顺口问他有没有判过什么人死刑。

爸爸说："我判过一次死刑，犯人是一位年轻的原住民，没有什么常识。他在台北打工的时候，身份证被老板娘扣住了，其实这是不合法的，任何人不得扣留其他人的身份证。他简直变成了老板娘的奴工，在盛怒之下他打死了老板娘。我是主审法官，将他判了死刑。

"事后，这位犯人在监狱里信了教，从各种迹象来看，他已变成了个好人，因此我四处去替他求情，希望他能得到特赦，免于死刑，可是没有成功。

"他被判刑以后，太太替他生了个活泼可爱的儿子，我在监狱探访他的时候，看到了这个初生婴儿的照片，想到他将成为孤儿，也使我伤感不已，由于他已成为一个好人，我对我判的死刑痛悔不已。" 爸爸长长地叹了口气。

"他临刑之前，我收到一封信。"爸爸从口袋中，拿出一张已

经变黄的信纸，一言不发地递给了我。

信是这样写的：

法官大人：

谢谢你替我做的种种努力，看来我快走了，可是我会永远感谢您的。我有一个不情之请，就是想请您照顾我的儿子，使他脱离无知和贫穷的环境，让他从小就接受良好的教育。求求您帮助他成为一个有教养的人，再也不能让他像我这样，糊里糊涂地浪费了一生。

我对这个孩子大为好奇，"爸爸，你是怎么样照顾他的？"

爸爸说："我收养了他。"

一瞬间，世界全变了。这不是我的爸爸，他是杀我爸爸的凶手，子报父仇，杀人者死。我跳了起来，只要我轻轻一推，眼前的人就会跌到悬崖下面去，粉身碎骨。可是我的亲生父亲已经宽恕了判他死刑的人，坐在这里的是个好人，他对他自己判人死刑的事情始终耿耿于怀，我的亲生父亲悔改以后，仍被处决，这时没有办法的事，我没有权利再犯这种错误。

如果我的亲生父亲在场，他会希望我怎么做？

我蹲了下来，轻轻地对爸爸说："爸爸，天快黑了，我们回去吧！妈妈在等我们。"爸爸站了起来，我看到他眼旁的泪水，"儿子，谢谢你，没有想到你这么快就原谅了我。"我发现我的双眼也因泪水而有点模糊，可是我的话却非常清晰："爸爸，我是你的儿子，谢谢你将我养大成人。"

海边这时正好刮起了垦丁常有的落山风，爸爸忽然显得有些虚弱，我扶着他，在落日的余晖下，向远处的灯光顶着大风走回去。

美德传承

仇恨和爱一样，是人与人之间不可或缺的一种情感。但在这种情感的旁边，上帝为你准备了宽恕，只要你在仇恨产生时，顺便捡起宽恕，你就可以一直生活在充满爱的温馨中。

当儿子搀扶着爸爸，一起走在落日的余晖下，这一幕，最为感人，因为它充满了包容与爱。

无论在什么时候，懂得将仇恨化为恩情，都是对自己最好的滋养，更是获得更多真情，获得好的人际关系的关键。

宽容是一种美德 ▶▶▶

乐队解散在即，队长是怎样转危为安的呢？

有一位著名的音乐家，在成名前曾经担任过俄国彼德耶夫公爵家的私人乐队的队长。

突然有一天，公爵决定解散这支乐队，乐手们听到这个消息后，一时间全都面面相觑、心慌意乱，不知道如何是好。看着这些和自己一起同甘共苦许多年的亲密战友，乐队队长睡不安寝、食不甘味，他绞尽脑汁，想来想去，忽然有了一个主意。

他立即谱写了一首《告别曲》，说是要为公爵做最后一场独特的告别演出，公爵同意了。

这一天晚上，因为是最后一次为公爵演奏，乐手们表情呆滞、万念俱灰，根本打不起精神。但是看在与公爵一家相处这些日子的情分上，大家还是竭尽所能、尽心尽力地演奏起来。

这首乐曲的旋律一开始极其欢悦优美，把与公爵之间的情感和美好的友谊表达得淋漓尽致，公爵深受感动。渐渐地，乐曲由明快转为哀婉，又渐渐转为低沉。最后，悲伤的情调在大厅里弥漫开来。

这时，只见一位乐手停了下来，吹灭了乐谱上的蜡烛，向公爵深深地鞠了一躬，然后悄悄地离开了。过了一会儿，又有一名乐手以同样的方式离开了。就这样，乐手们一个接着一个地离去了，到了最后，空荡荡的大厅里，只留下了队长一个人。只见他深深地向公爵鞠了一躬，吹熄了指挥架上的蜡烛，偌大的大厅刹那间暗了下来。

正当他也像其他乐手一样，准备独自离开时，公爵的情绪已经达到了顶点，他再也忍不住了，大声地叫了起来："这到底是怎么一回事？"队长真诚而深情地回答说："公爵大人，这是我

们乐队全体在向您做最后的告别呀！"这时候公爵突然省悟了过来，情不自禁地流出了眼泪："啊！不！请让我再考虑一下。"

就这样，乐队队长用一首《告别曲》的奇特氛围，成功地使公爵将全体乐队队员留了下来。他就是被誉为"音乐之父"的世界著名音乐家海登。

在滚滚红尘中，作为芸芸众生的你我有不少人会这样做：你对我不好，我也不会对你好。当你对他人多一点宽容，多一点谅解，你自己也会少一些忧愁和郁闷。降低了耗气伤神的砝码，增加了健康快乐的基数，又能有谁会说宽容大度不是一种美德呢？

美德传承

　　故事中的海登深知，即便是最后的时光，也要美好地离去，只为给双方留下一些更美好的或是更值得回忆的东西。结果，他的真情告别，最后扭转了局面，并且在后来使自己成为了伟大的音乐人。足以见得，宽容是一种美德，予人宽容，快乐自己。如同"赠人玫瑰，手有余香"一样会使双方获益。

宽容可以拯救一个人 ▶▶▶

你的宽容对你来说或许不算什么，但是却可以拯救一个人的性命。

在一个暖洋洋的下午，母亲在门口一边晒着太阳一边剥着花生，不经意地说起在三年自然灾害中所受的饥饿。而此时，父亲已经去世十年了。

她说，当时邻村一位二十几岁刚做母亲的妇女，因为实在不忍心看孩子挨饿，跑到邻居家偷了一茶杯的炒米，不料与中途回家的主人撞了个满怀，主人一阵大呼小叫引来了全村的人。那年头盗和娼是最可耻的，看热闹的人将少妇团团围住，指责声撕裂着少妇的心。突然双手蒙面的少妇冲出了人群，转眼间，一头扎进池塘里。一切都在眨眼间发生，等慌乱的人们七手八脚捞起她时，人早已没了气。

听到这里的时候，我为那凄惨的母亲流泪了。接着母亲又说了父亲生前的一件事。

六十年代，当时的父亲在县农机厂上班，他的工作属于重工业，每月有24斤炒米补贴，这在当时农民的眼里是非常了不起的事情。但母亲还是精打细算，掺些野菜粗粮度日。可是不久后，母亲发现缸里的米一天比一天少了。母亲是个细心的人，她肯定米是被人偷了，但这人会是谁呢？

这个谜团不久后被父亲解开了：一天父亲一开门，看见隔壁的女房东手中还拿着盛米用的升子。父亲虽然被吓了一跳，但镇静之后，反倒叫她不要害怕。父亲当晚跟母亲说，千万不要和别人提起，她们家挺不容易的，你明天送点米过去。父亲倒觉得忐忑不安起来，生怕女房东一时想不开。女房东从此见到我父母就满脸潮红，并在很长的一段时间去了她妹妹家。我想在她的一辈子中，应该永远都担心着这件事，并永远感激着我的父亲吧。

岁月随风而去，在母亲也已离开了我们六年的今天，面对现实生活中一些人情的淡漠与世态的炎凉，更加使我深深地怀念一生平凡的父亲，以及他的宽容和仁爱。

宽容，为自己创造机会 ▶▶▶

楚王给予大臣宽容，相应地也获得了大臣的忠诚。

春秋时代，楚王请了很多臣子们来喝酒吃饭，席间歌舞曼妙，美酒佳肴，烛光摇曳。与此同时，楚王还命令两位他最宠爱的美人许姬和麦姬轮流向各位敬酒。

忽然一阵狂风刮来，吹灭了所有的蜡烛。黝黑一片，席上一位官员伺机揩油，摸了许姬的玉手。许姬一甩手，扯了他的帽带，赶紧回到座位上并在楚王耳边悄声说："刚才有人伺机调戏我，我扯断了他的帽带，你赶快叫人点起蜡烛来，看谁没有帽带，就知道是谁了。"

楚王听了，连忙命令手下先不要点燃蜡烛，然后大声向各位臣子说："我今天晚上，一定要与各位一醉方休。来，大家都把帽子脱了痛快饮一场。"

众人都没有戴帽子，也就看不出是谁的帽带断了。后来楚王攻打郑国，有一位健将独自率领几百人，为三军开路，过关斩将，直通郑国的首都，而此人就是当年揩许姬油的那一位臣子。他因为楚王的宽容，而发誓终生效忠于楚王。

　　楚王没有计较当时那位大臣的错误，而那位得到宽容的大臣誓死为楚王效力，可见宽容对于我们多么重要。人非圣贤，孰能无过。很多时候，我们都需要宽容，宽容不仅是给别人机会，更是为自己创造价值。

十二次微笑 ▶▶▶

十二次微笑何以将一张投诉单变成表扬信？

飞机起飞前，一位乘客请求空姐给他倒一杯水吃药。空姐很有礼貌地说："先生，等飞机进入平稳飞行后，我会立刻把水给您送过来。"

15分钟后，飞机早已进入了平稳飞行的状态。突然，乘客服务铃急促地响了起来，空姐猛然意识到自己忘了给那位乘客倒水！空姐赶紧来到客舱，小心翼翼地把水送到乘客跟前，面带微笑地说："实在对不起，延误了您吃药的时间了。"乘客抬起左手，指着手表说道："有你这样服务的吗？都过了多久了？"空姐虽然委屈，却没有辩解。接下来的飞行中，空姐每次去客舱服务时，都会特意走到那位乘客面前，面带微笑地询问他是否需要水。然而，那位乘客气还没消，摆出一副不理睬的样子。

临到目的地前，乘客让空姐把留言本给他送过去。空姐担心极了，很显然乘客是要投诉呀！只见乘客一言不发，认真地写着什么。

等到飞机安全降落后，空姐本以为这下完了，没想到，等她打开留言本却惊奇地发现，那位乘客在本子上写下的并不是投诉信，反而是一封热情洋溢的表扬信。

是什么使得这位挑剔的乘客最终放弃了投诉呢？在信中，空姐读到这样一句话："在整个过程中，你表现出了真诚的歉意，特别是你的十二次微笑，深深地打动了我，所以我最终决定将投诉信写成表扬信！你的服务质量很高，我非常赞赏。下次如果有机会，我还将乘坐你们的这趟航班！"

<table>
<tr><td>美德传承</td><td>空姐的失误为乘客带来了麻烦，自然而然乘客就会提出投诉。但是礼貌的空姐尽量补救自己的过失，以一次次微笑面对乘客，最后空姐以十二次微笑赢得了乘客的宽容。我们不能一味地要求别人对自己给予宽容，在获得别人宽容之前，也要想想你是否做过努力呢？</td></tr>
</table>

宽容的最高境界 ▶▶▶

明明知道是战友开枪打伤自己，但是他还是选择了宽容。

在 "二战"期间，一支部队在森林中与敌军相遇发生激战，最后两名战士与部队失去了联系。他们之所以在激战中还能互相照顾、彼此不分，因为他们是来自同一个小镇的战友。两人在森林中艰难跋涉，互相鼓励、安慰，谁也不知道前面会遇到什么。

十多天过去了，他们仍未与部队联系上，幸运的是，他们打死了一只鹿，依靠鹿肉又可以艰难度过几天。可也许因为战争的缘故，动物四处奔逃或是被杀光，从那以后他们再也没有看到任何动物。仅剩下的一些鹿肉，背在年轻战士的身上。

这一天他们在森林中遇到了敌人，经过再一次的激战，两人巧妙地避开了敌人。就在他们自以为已经安全时，只听到一声枪响，走在前面的年轻战士中了一枪，幸亏在肩膀上。后面的战

友惶恐地跑了过来，他害怕得语无伦次，抱起战士的身体泪流不止，赶忙把自己的衬衣撕下包扎战士的伤口。

晚上，未受伤的战士一直念叨着自己的母亲，两眼直勾勾的。他们都以为自己的生命即将结束，身边的鹿肉谁也没动。

天知道，他们怎么过的那一夜。幸运的是，第二天部队救出了他们。

事隔三十年后，那位受伤的战士安德森说："我知道谁开的那一枪，他就是我的战友，他去年去世了。当年在他抱住我时，我碰到了他发热的枪管，但当晚我就宽恕了他。我知道他想独吞我身上带的鹿肉而活下来，但我也知道他活下来是为了他的母亲。此后三十年，我装着根本不知道此事，也从不提及。战争太残酷了，他母亲还是没有等到他回去，我和他一起祭奠了老人家。他跪下来，请求我的原谅，我没让他说下去。我们又做了二十几年的朋友，我没有理由不宽恕他。"

特殊的电话号码 ▶▶▶

爸爸的特殊电话号码，既熟悉又陌生。

我生活在一个单亲家庭，听隔壁的多莉太太说，我的母亲生下我不久后便去世了。而父亲对于我母亲的事总是只字不提。在我的印象中，父亲是一个很冷漠的人，他从不跟我多说话，在生活与学习上对我的要求却很严格。

父亲有一家公司，在我们这个小镇上算是一个富有的人，但我的零花钱从来没有我的同学们那样多。这还不算，他每天开车去公司时，都会经过我们学校，可是无论我怎样央求，他从来不肯让我搭他的便车，我总是坐公共汽车或者地铁去上学。为此，我在心里很瞧不起父亲，有时甚至恨得咬牙切齿。我将母亲的病逝全部怪罪在了父亲的头上，我想，母亲肯定是受不了父亲的虐待而死的。而父亲一直单身，则是因为没有哪个女人能受得了他的脾气！

十八岁的我就要离开美国去新西兰求学了，这是我第一次离家去一个那么遥远的地方，也是第一次离开父亲这么远。但我对父亲却没有多少留恋，甚至很多次我都希望早点离开他，离开这个令人窒息的家。

临行前，我将所有在新西兰求学的同学们的电话号码都调了出来，存在手机里，但我还觉得不保险，因为手机也有可能丢失。我又将所有的电话号码全都记在笔记本上，可是我又担心笔记本也不保险，如果笔记本也丢失了，我一个人在人生地不熟的新西兰该如何是好？

最后，我终于想出了一个办法，那就是将电话号码都记在新买的皮鞋里、帽子里、风衣里。这样我如果遗失了其中一样东西，还可以在其他东西那里找到我需要的电话号码。

在机场，父亲破例为我送行。在我的记忆里，父亲还从没送我去过什么地方，就连去学校报到，也是我独自去的。所以对于父亲送行时的沉默无语，我早已习以为常，就算旁边的几对父母流着眼泪来送自己子女的场面，也没对我的情绪产生任何影响。也许正是因为我从小养成的独立习惯，我也懂得出门只能靠自己，其他任何事情都可以疏忽，但同学们的电话号码是千万不能丢的。

　　到达新西兰之后，我就急急忙忙地翻起了电话本，首先是手机，可是手机里第一个跳出来的竟然是一个陌生的电话号码，再细看时，号码后面竟是父亲的名字。我这才想起，我居然从来没有给父亲打过电话，甚至连他的电话号码都不认识。显然，父亲曾动过我的手机。我又打开笔记本，在笔记本的第一页醒目地

写着父亲的电话号码，是父亲的笔迹！我急不可待地又翻出了其他的东西，皮鞋、帽子、风衣，我一一地将它们翻了个底朝天。凡是我写过电话号码的地方，父亲都在第一行加上了他的电话号码！一向粗心而专横的父亲竟然有如此细腻的心思，他是让我在外面遇到了困难第一个想到的人就是他！

我在学校里安顿好以后，习惯性地上网浏览同学们的信件，我收到的第一封邮件居然也是来自父亲的：弗朗科，我的孩子，你现在终于长大了，我等这一天可是等了十八年啊！你的母亲因为难产而死，我答应过她要将你抚养成人的，看到今天的你这样自立自信，我真的很高兴。我想，你的母亲在天堂里也会为你而高兴的。但是，当我看到你的电话本上没有记下我的电话号码时，我惊呆了，一个孩子在外面遇到了困难，首先要找的应该是他的父亲才对，可是你没有。我想，是不是我对你的教育方式有问题，我是不是对你太严格了。孩子，我要告诉你的是，不管怎样，爸爸都是爱你的！

我压抑了十八年的眼泪一下子汹涌而出。

美德传承　　　很多人对他人能够宽容，可对自己家里的人却总是鸡蛋里挑骨头。虽然父亲的教育方式有些严厉和特殊，给"我"幼小的心灵蒙上了阴影，但父亲的这些行为也是缘自于爱，只是父亲也许不会表达对"我"的爱而已。别人犯的错我们尚且能够宽容，父母缘于爱的行为我们更应该给予宽容！

拔掉腐蚀心灵的蛀牙 ▶▶▶

唯有宽容，才能化解怨恨；心中有爱，方可一念花开。

她在家中的地位比较尴尬，上不着天，下不着地，她是老二。姐姐比她漂亮，因为想要儿子，父母坚持还要生，结果，她还是女儿，父亲就有些恼火，动过把她送人的心思，是母亲拦下了。后来，又生了弟弟。

弟弟显然是最得宠爱的，父亲重男轻女，很小给她灌输的理念就是："我将来所有的财产全是儿子的！"姐姐不吭气，她嚷："凭什么？要不就别生我！"结果挨打。那时，她就发誓，她要报复所有人，如果有可能，她将让他们知道她的厉害。

三个孩子中，她的学习成绩是最好的，因为，没有别的地方突出，她只有拼命地学习。她要有能耐，然后报复伤害过她的人，无论是谁！她小小的心，长满了怨恨的种子。

从那时起，她知道，她是坚强的女孩子，坚强到不会掉眼泪。全镇只有一个考上县里高中的，她就是唯一的那一个。去读高中，她每次回家带一周吃的馒头，一个月只花几块钱，目的只有一个，要考上大学，要离开这里！

整整三年，她始终是学校里的第一名。高考成绩出来了，她是状元，可以去北大读书，整个县城都轰动了。所有人都说："看人家吃了三年干馒头，照样考上北大。"

去了北京之后，她打好几份工，为的是不要家里一分钱。大学整整四年，她把自己交给了书本，以最好的托福成绩考到美国公费留学。她所在的整个县城又轰动了，这是那个小城中第一个到外国留学的。可是，出国前她竟然没有回老家一趟，没有给父母撑那个虚荣的面子。

去美国之后，她还是一个人，无人交流，内心一片空白。去看心理医生，医生说她太自闭，而且内心充满了恨。劝她应该学会去爱，只有爱，才能拔掉那颗腐蚀了心灵的蛀牙。

她惊呆了！半夜，她掏出手机，第一次拨通了家里的电话。

母亲居然没有听出她的声音来。她有多长时间不和家里联系了呢？叫了一声"妈"之后，母亲就哭了，近乎死人一样的哀号，叫着父亲的名字。再接着，姐姐和弟弟都跑了过来，声音哽咽着，好像她恩赐了他们什么。放下电话，她发了一夜的呆，第二天，又是发呆。本来有了绿卡的，可是，她决定回国。

多少年没有回家了？她带着大包小包，所有人的礼物全都有。下了飞机，直接打出租车回老家。

家还是那个家，以前觉得很大，一进门才发现：家，老了、破了，两棵老枣树还在，正在开花，有淡淡的芬芳。父母都老了，看见她就激动得说不出话来。

她把带回来的钱给大家分了，父母一份，姐姐一份，弟弟一份。父母可以养老，姐姐能买城里的房子了，弟弟想要开个超市，这下也有资金了，做完这些后，她居然第一次感觉到那么幸福。

后来，她接受一家杂志的采访，当她被问及"你觉得世界上最幸福的事情是什么"时，她笑了笑，回答说："心中有爱，学会宽容。"

<table>
<tr><td>美德传承</td><td>其实亲情就像是一条永远牵着你的线，无论你曾经与家人有多大的误会，只要你学会宽容就什么都可以化解。就像文中的"她"，虽然小时候没有得到家人的关爱，即使后来她身在国外，过着优越的生活，还是放不下那颗牵挂家的心。只有将心中的"恨"化解掉，学会宽容，才能活得轻松、自在，方可领悟生活的真谛。</td></tr>
</table>

使魔鬼变成天使 ▶▶▶

宽容别人，才能将自己心里的魔鬼变成天使。

有个强盗闯进禅院朝七里禅师喝道："把钱拿出来，不然就要你的老命！"

七里禅师指指木柜说："钱在抽屉里，你自己拿吧，但留一点给我买食物。"

强盗得手后正要逃跑，七里禅师把他叫住："收了别人的东西，应该说声谢谢啊！"

强盗扭头随便说了句"谢谢"就跑掉了……

后来那个强盗因抢东西又被捕了，衙差把他带到七里禅师面前："是他抢了你的钱吗？"

七里禅师说："他没有抢，钱是我自愿给他的，他也说过谢谢我了。"

这个人服刑期满以后，立刻来叩见七里禅师，求禅师收他为徒弟。

　　所有花都落尽，山却依然不动，无论经历多少变化，山依然在那里。就如同人的本性，无论你走了多少弯路、错路，它都会一直在那里等待你的回头。所以，我们应该坚持生命的根本，原谅和宽容他人，也守住自我的本心。

美德传承	"天使"在人心中，"魔鬼"也在人心中。"天使"和"魔鬼"可以互相转化，关键就看你怎样对待它。即使是一个强盗，也可能回头是岸。禅师的宽容，让强盗捡起了身边的善良。原来，只要我们宽容对待别人，坏人也可能转变。

友善的宽容 ▶▶▶

有时候对一个人宽容，你也许会因此多了一个好朋友。

当营业部经理时，我和一个雇员不和。我不喜欢她的目中无人，并决定找她谈谈。为了避免当众争吵，我打算在家中给她打电话。"我是否要解雇她？"翻着雇员卡，我若有所思。突然，九年前发生的一件事闯入我的脑海。

那时，我从事一份全日制的工作，以资助丈夫迈克完成学业。终于，他毕业的日子要到了。我们的父母将从州外赶来，参加他的毕业典礼，而我也为那天做了许多计划。比如，毕业典礼后，我们去吃冰淇淋，然后去镇里潇洒一回。

我兴高采烈地跑进我工作的那家书店。"我要在感恩节后的那个星期六休假。"我向老板宣布，"迈克毕业了！"

"对不起，玛丽。"老板说，"假日后的周末是我们最忙碌的时间，我需要你在这儿！"

我无法相信老板会如此不通情理。"可迈克和我等这天已经等了五年了啊!"我辩解道,声音因激动而发颤。

"当然,我不会在毕业典礼时,给你安排活儿。"他说。

"我根本就不能来,罗斯。"我的脸因发怒而绷紧。"我不会来的!"我咆哮着冲了出去。

后来的那些天,我对他都不理不睬。他问我话时,我也只是三言两语冷漠地应答。

我们的关系越来越紧张,虽然罗斯看起来依旧热诚,而且常常是笑脸相迎,可我知道他心里不舒服,而我也铁了心,一定要请一天假。

我们就这样冷战了几个星期。一天,罗斯问我是否愿意和他单独谈谈。于是,我们去阅览区坐了下来。我盯着我的脚,告诫自己无论发生什么都要坚强地承受。显然,老板想解雇我。他不可能任我这样轻视他而无动于衷。毕竟,他是老板,而老板总是对的。

当我不屑地冷冷地扫视他时,我惊讶地看到他眼中受伤的表情。"我不想在你我之间存有任何的怒气和不快。"他平静地说,"你可以在那天休假。"

我不知道该说什么。我的愤怒,我的狭隘,我的孩子气的行为在他的宽容面前是那样的微不足道。"谢谢你,罗斯。"我终于"挤"出了一句话,我不会忘记这件事的。

现在,这段往事又跳回我的脑海里。我怎么就忘了罗斯对我的宽容了呢?在过去的几天里,我怎么就没有把这种宽容友善传递出去呢?

　　我从雇员卡中拿出雇员的卡片，拨打了她的号码。她接到电话后，我衷心地向她道歉。挂电话的时候，我们的关系已经和好如初了。

　　我本想将自己不喜欢的一个雇员辞掉，但是突然想起了我原先的老板对我的宽容，或许宽容是最好的解决方式。

美德传承

　　上帝有办法把我们从人生中所学到的东西深藏于我们心灵深处，并在需要的时候，让它们浮现出来。而且也让"我"明白，宽容有时候是可以循环的，源于之前老板的宽容，"我"也选择了用宽容的方式对待员工。对人宽容友善在为人处世时显得尤为珍贵。

住在宽容隔壁 ▶▶▶

宽容在身边，才能让自己更加舒心踏实。

我和他是同事，在一间办公室里工作，但他从不多看我一眼，我也对他冷若冰霜。因为，我们为入住隔壁那间经理室已暗斗了三年。

有时人会为了达到自己的目的而不择手段，所以有时连我都觉得自己卑鄙。比如他在审查即将送交的文案时，我趁他转身离开，会迅速将他的文案永久删除。让我窃喜的是，他竟对此全然不知。

那天，公司组织游玩，晚餐时，我喝了不少酒，便急冲冲跑进厕所。但刚一进去，却发现他竟在里面，裤子的拉链还未拉上。我这才发现，自己匆忙之下竟进错了地方。我一下呆在那里，不知所措，而他只是轻轻地说了一句："还不快走。"

我急忙退出，满脸通红。心中感激他的平静，但转念又想：

他会不会背着我把这件事传到其他人耳中，并加油添醋，毕竟，我是他在公司里唯一的竞争对手。但这段尴尬的插曲就像是从来没发生过，已经一个多月了，没有人对我露出讥讽的眼光，也包括他。

我知道那段插曲已成为了我和他之间永远的秘密，我心中萌生了一个永远的结。

几天后，他毫无争议地入住了隔壁那间经理办公室，而我成为了他手下的职员。在他正式升职那天，我打算说出以往对他的种种恶行，却欲言又止。不料，他竟微笑着先开了口："其实，我早就知道了，只是，我深信，报复并不能让一个人成功。"

我的心结由此彻底打开了。是啊，报复并不能让一个人成功，反而还会给自己增加无休止的妒恨与痛苦。而宽容，才是战胜报复的最好武器，也是走向成功的最重砝码。过去，我从没有如此安心地工作过，但现在，我安心做他手下的一名职员。因为我知道，我就住在宽容隔壁。

少先队活动："争当小能手"烹饪大赛

【活动主题】"争当小能手"烹饪大赛

【活动背景】活动以"新世纪我能行"体验教育活动为理 念，体验教育是少先队适应新形势，进一步加强少先队员思想道德教育的基本途径。通过"体验教育"组织和引导少年儿童在亲身实践中，把做人做事的基本道理内化为健康的心理品格，转化为良好的行为习惯。

【活动目的】"争当小能手"烹饪大赛，旨在加强对队员的个人自立能力的培养，改变现在大多数独生子女娇生惯养、饭来张口、衣来伸手的不良习惯。通过活动，使队员懂得基本的家务劳动知识以及一般家常菜的做法，培养队员热爱劳动的良好习惯，增强队员的生活自理能力。

【活动日期】_____年_____月_____日

【活动流程】

1. 活动准备：

(1) 成立"争当小能手"烹饪大赛竞赛委员会。

(2) 四、五、六年级各个中队先在班级举行选拔赛，选派一个代表队参加年级的比赛，每个年级作一组进行比赛。每个代表队6人，并且要求男女队员兼有。

(3) 每个代表队要求有统一的服装，戴围裙、袖套，参赛队员要佩戴统一的明显的标记。每个队还要求起好队名，并有为本队鼓劲加油的口号。

(4) 每个小组在规定的时间内做出三菜一汤的家常菜。要求色、香、味俱全。做菜所需材料均由各小组自备，要求材料必须是生料，不能带熟料，材料可先切洗好。

(5) 每道菜式必须为其起好名字。

2.活动细节：

(1) 请观众、拉拉队就座。

(2) 主持人宣布活动开始，介绍比赛评委，并请评委就座。

(3) 介绍参赛的各个代表队。

(4) 主持人检查参赛队准备的物品情况。

(5) 宣布比赛开始，代表队开始做菜。

(6) 在队员做菜的过程中，主持人可以介绍、采访各参赛队的制作情况（学校的小记者可以进行录像或拍摄照片）。

(7) 主持人请各队将制作好的成菜放到"评菜台"，并派一名队员上台介绍本队制作的成菜。

(8) 请评委进行评比各参赛队的作品，并为各成菜打分。在评委评菜期间，主持人可随机进行一些有关知识问答。

(9) 宣布比赛结果。

小测试：你能与朋友们相处得融洽吗

如果今天是你的生日，你兴致勃勃地请一些同学来参加你精心准备的生日宴会。新朋旧友齐聚一堂，其中有一个家伙居然穿着一身"乞丐服"出场，使你觉得浑身不自在。请问你会如何处理这件事？

A. 直接对他说："你不觉得破坏了今天的盛会吗？"

B. 调侃着说："不错嘛！这身打扮很适合你。"

C. 一句话都不说，一笑而过。

【测试结果】

选择A：你的个性十分直爽，做事从不拖泥带水，颇具"将相本无种，男儿当自强"的气魄。可是这种性格最显著的缺点就是不给自己和别人留后路，也比较容易得罪人。

选择B：你总是喜欢故作神秘状，但是任谁也不知道你在讽刺他，或许只是心照不宣。不过你的危险之处在于说话时流露出的恶意的讽刺，这样很容易伤人的。

选择C：你总是含蓄地不肯表达对别人的看法，让别人觉得你很冷漠。不善人际关系其实是你的隐忧，因为你的性格较为内向，行事太过保守，不能给别人特别的帮助。不过你的本质是非常善良的。

Virtuous juvenile

第四章/谦虚是一种胸怀

谦虚是一种美德，是一种难能可贵的品德。中国素称"礼仪之邦"，自古以来，人们有许多这方面的格言警句启迪后人，如"谦受益，满招损"，"谦虚使人进步，骄傲使人落后"，"虚心竹有低头叶，傲骨梅无仰面花"，"百尺竿头，还要更进一步"。谦虚，不仅应成为一种学习态度，更应该成为一种做人原则，所谓"谦谦君子，温润如玉"是也。

越伟大越谦虚 ▶▶▶

越伟大的人越会思考自己的不足，也就越谦虚。

富兰克林的墓志铭

美国伟大的物理学家富兰克林，一生勤于创造发明，赢得过不下一百个学位和头衔。按理说，他的墓碑上应该满满的记载着他一生取得的成就。而他的墓碑上，却刻着他生前为自己撰写的几个简单的文字：印刷工富兰克林之墓。

克雷洛夫的谦虚故事

克雷洛夫是俄国十八世纪伟大的寓言作家，他的寓言写得既多又好，而且深受孩子们的喜欢。有一次，他的一位朋友夸赞说："你的书写得真好，一版销完又印一版，比谁的都印得多。"克雷洛夫听完之后，并没有因此而洋洋得意，反而这样回答："不，不是我的书写得好，是因为我的书是给孩子们读的，谁都知道，孩子们是容易弄坏书的，所以版次多一些。"

写我一生的错误

受世人崇敬的周恩来总理，一生谦虚谨慎，平易近人。身为总理虽日理万机、公务繁忙，但每到一处都要深入群众了解情况。60年代他有一次到上海考察，与电影演员们会面，在亲切交谈中，有同志热情地向他建议："总理，您给我们写一本书吧！"可他回答说："如果我写书，就写我一生中的错误，让活着的人们从过去的错误中吸取教训。"

美德传承

　　每个人就像一个圆，如果圆里代表已有的知识，圆外代表未知的知识，那么圆越大，接触的未知世界也越大。越有知识的人、越伟大的人反而越谦虚，我们也应该像伟人们这样"虚怀若谷"，当了解了自己的不足，你才不会骄傲自满于目前仅有的知识，才能积极进取。

谷子和莠草 ▶▶▶

谷子低垂着头，籽粒饱满；莠草昂首朝天，一无所有。

秋天的田野里，沉甸甸的谷子低垂着头，而莠草却是昂首挺胸，随风摇曳，一副不可一世的样子，自以为自己是高贵的。一个老农领着小孙子走过来，毫不客气地拔下莠草，小孙子很不解，问道："爷爷为什么要把这些漂亮的草拔掉呀？"爷爷语重心长地回答道："孩子，你长大后便会明白……"

当时读到这里，也许我们不明白为什么，以后我们会渐渐地明白……

所谓高贵的莠草，其实就是害草——狗尾巴草。别看它们昂首朝天，好像很了不起，其实它们只会抢夺别人的肥料喂饱自己！它们就是巴金所说的"一心为自己，一生为自己的人，它们什么也得不到。"

那始终低着头的谷子，才真正将粒饱满，是农民伯伯的宝贝啊！而它们却丝毫不骄傲，像新嫁娘一样含羞带笑，默默不语，当莠草来和它们抢夺营养时，它们仍然保持沉默，任莠草抢夺。

　　谷子和莠草是生活在一起的植物，两者的差别甚大，一种饱含果实，谦虚谨慎，从不张扬；一种干瘪无粒，却昂着高贵的头，骄傲自大。

　　实际上做人，我们更应如此。有了再大的成就也不能骄傲，要有宽容大度的胸襟，敢于奉献自己，这样我们才能真正成为对社会有用的人。做人要谦虚，不能骄傲，要知道"虚心万事能成，自满十事九空"。

| 美德传承 | 　　我们要像谷子一样，饱满但是从不张扬。在学习的过程中，即使成绩名列前茅，也不骄傲自满。时刻努力着、保持着。不能像莠草那样抢夺别人研究思考出来的成果，要自己开动脑筋，思考问题的答案。这样我们才能一直保持优秀。 |

乌鸦和孔雀 ▶▶▶

丢掉爱慕虚荣的包袱，心灵美才是最美的。

从前，森林里有一只乌鸦和一只孔雀，那时候的乌鸦有雪白的羽毛，美丽的身子，而孔雀只有黑色的羽毛，身子也很丑陋。但是，乌鸦很看不起人，孔雀却喜欢助人为乐。

一天，乌鸦家旁边的大树爷爷生病了，它对乌鸦说："乌鸦妹妹，我生病了，麻烦你把啄木鸟医生请来，给我看病好吗？"乌鸦头也不回，边梳理自己的羽毛边说："什么？让我给你请啄木鸟医生？如果这样的话，那我的羽毛会乱了的，而且我还要花许多森林币，多不划算呀。"然后走到浴室里洗澡，孔雀正好路过，它看见大树爷爷脸色不好，就关心地问："大树爷爷，您怎么了？"大树爷爷回答道："我生病了。"

孔雀二话没说，赶忙飞到几百里外的森林医院，请来啄木鸟医生，还花了它二十个森林币。大树爷爷感激不尽，想要谢谢孔

雀，可是孔雀早已悄悄地走了。

这件事被天宫上的仙女看到了，她来到森林把孔雀和乌鸦都叫来，问："你们谁最美？"乌鸦高兴地说："是我，是我！"孔雀低下了头。仙女对孔雀说："其实你才是最美的。"孔雀抬起头，不解地问："为什么？""因为心灵美比外表美更美。"孔雀明白了，可是乌鸦问："这是什么意思？""你永远也不会明白。"仙女说着，右手一挥把孔雀变成森林里最美的动物，把乌鸦变成森林里最丑的动物。

美德传承　　美丽的外表又能怎样，如果不懂得谦虚，一味地炫耀，最终还不是失去了仅有的一点资本。可见，谦虚不仅换来了"漂亮的羽毛"以及别人的称赞。我们每个人都要拥有虚怀若谷的胸怀，都要有一种谦虚谨慎、戒骄戒躁的精神。

梅兰芳拜师 ▶▶▶

越是一知半解的人，越愿意表现自己。真正有学问的人更知道保持谦虚。

京剧大师梅兰芳，他不仅在京剧艺术上有很深的造诣，而且还是丹青妙手。他拜名画家齐白石为师，虚心求教，总是执弟子之礼，经常为白石老人磨墨铺纸，完全不因为自己是著名演员而自傲。

有一次齐白石和梅兰芳同到一户人家家里做客，齐白石先到，他布衣布鞋，其他宾朋皆社会名流或西装革履或长袍马褂，齐白石显得有些寒酸。不久，梅兰芳也到了，主人高兴地迎接，其余宾客也都蜂拥而上，一一同他握手。可梅兰芳知道齐白石也来赴宴，便四下环顾，寻找老师。忽然，他看到了被冷落在一旁的齐白石，赶紧挤出人群向画家恭恭敬敬地叫了一声"老师"。在座的人见状很惊讶，齐白石也深受感动，几天后特意向梅兰芳馈赠《雪中送炭图》并题诗道：

记得前朝享太平，布衣尊贵动公卿。

　　如今沦落长安市，幸有梅郎识姓名。

　　梅兰芳不仅拜画家为师，他也拜普通人为师。他有一次在演出京剧《杀惜》时，在众多喝彩叫好声中，他听到有一个老年观众说"不好"。梅兰芳来不及卸装更衣就用专车把这位老人接到家中，恭恭敬敬地对老人说："说我不好的人，是我的老师。先生说我不好，必有高见，定请赐教。"

　　老人指出："阎惜姣上楼和下楼的台步，按梨园规定，应是上七下八，你为何八上八下？"梅兰芳恍然大悟，连声称谢。以后梅兰芳经常请这位老先生观看他演戏，请他指正，并称他为"老师"。

美德传承	梅兰芳虽然是家喻户晓的名人，但仍然不忘谦虚。梅兰芳的尊敬让齐白石非常感动，而且还赠送给梅兰芳自己的作品。梅兰芳可以谦虚地对待身边最平凡的人，将每一个挑出自己错误的人当做老师一样看待。或许正是因为这种谦虚，才让他成为受人尊敬的大师。

谦虚是一种胸怀 ▶▶▶

你的谦让或许只是一件小事，但很可能为你的成功铺就道路。

有一天，张良来到下邳附近的圯水桥上散步，在桥上遇到一个穿褐色衣服的老人。老人见张良走过来，故意把自己的鞋子脱落掉在桥下，然后对张良说："孩子！到桥下把我的鞋子取上来。"张良十分气愤，心想：我与你互不相识，凭什么要我给你拾鞋？但当他想到老人年岁已大，身体不灵便，下桥取鞋有困难时，便强压着怒火，到桥下为老人取来了鞋子。

看着张良取回鞋子，老人慢慢地伸出脚，对张良说："把鞋给我穿上！"张良想：既然已经为他拾了鞋，那就好人做到底吧！于是，张良小心地把鞋子穿在老人的脚上。老人看着张良哈哈大笑，一句话也没说，转身而去。

谁知，过了一会儿，老人又回来了，说："孺子可教，你五天之后天刚拂晓时，到这儿来等我。"

五天后，天刚拂晓，张良急急忙忙向下邳桥赶去，谁知老人早已等候在那里了。老人生气地说："和老人相约，反而比老人晚到，这怎么行？过五天你早点来等我！"说完，老人就走了。又过了五天，天还未亮，张良早早起了床，向下邳桥奔去。老人又已等候在那里了。老人大怒，说"怎么又迟到了？过五天再早一点儿来！"又过了五天，张良半夜时分就早早等候在桥头了。

过了一会儿，老人步履蹒跚地走来，看见张良早早来了，微笑着说："年轻人就应该如此！"于是拿出一卷书给张良。张良一看，原来是《太公兵法》。回去以后，张良反复诵读，潜心钻研，不久就帮助刘邦建立了汉朝。

如果换作一般傲慢无礼、执拗顽固的人，肯定不会去拾老人的鞋子，甚至还会对老人出言不逊。但张良贵在一再谦让，才使得黄石公以兵书相赠。

有句话是这样说的：世界上最广阔的是海洋，比海洋更广阔的是天空，比天空更广阔的是人的心灵。因此，谦虚不仅是一种美德，更是一种胸怀。

美德传承

在我们看来，张良简直就遇到了一个古怪蛮横的老人。一般人不但不会为老人捡鞋，还会对他发脾气。但是张良的忍让，让老人看出他是一个有潜力的人，所以赠送给他最宝贵的书籍，帮助他成就了大业。满招损，谦受益。而谦虚的可贵之处，则在于有始有终。

倒满水的茶杯 ▶▶▶

麦穗越饱满，越会低头；一个人的知识越丰富，就越谦虚。

　　江南一个有名的镇上，历代名人辈出。其中有一位书生，出身书香门第，他自幼就聪颖超群，吟诗赋词，出口成章。走到哪里，都赢得一片赞声。渐渐地，这个书生变得越来越骄傲，一起学习的同窗，他根本不放在眼里，他认为和这些同窗一起学习、讨论问题，是在浪费时间。他一直都想找个高人，与之一比高低。

　　有一天他听说，在城外山上的少林寺中，有位得道高僧，学识渊博，所以就想找这位高僧比试一下。

　　经过一番寻找，终于来到了这位高僧的门前。高僧看到这位书生，捻着花白的长须，微微一笑。其实，这位德高望重的老僧一眼就看出了他的内心，不过没有道破。

　　高僧热情地把他请到了屋里，书生刚想开口对高僧说出自己此行的目的，高僧就打断了他的话，拿起茶壶为这位骄傲的书生倒茶。

但是茶杯很小，很快就斟满了。这时，这位书生急忙对僧人说："可以了，可以了，茶杯里的水已经满了，不要再倒了。"

这位高僧仍然没有停手的意思，对着书生说："满了吗？那是因为茶杯太小了，徒弟，去给我拿一个大一点的茶杯来……"

听完这句话，书生顿时醒悟了，他的脸一下子红了，聪明的他心想：高僧这是在提醒我呢！我自认为自己很优秀，目中无人，其实是我的胸怀太小了，不能容纳更多的学识。高僧能用这么简单的方法提醒我，真不愧人们对他那么敬仰。

此时，书生已经彻底觉悟了，原来他一直以为自己聪颖过人、才华横溢，以致骄傲自大。实际上，"人外有人，天外有天"，如果自己不肯虚心学习，最终只能被淘汰和取代。好在书生是个聪明人，醒悟得早，经过自己的努力，最后成为当地知名的文人。

从书生的故事中可以看出，任何一个人，无论什么时候，永远不要以为自己已经知道了一切。一个人无论多么优秀，都是有限的。即使他在某一方面的造诣很深，也不能够说他已经彻底精通、彻底研究透彻了。

如果不能虚心向别人学习，谦虚待人，将会永远停滞不前，无法前进。

美德传承　　古人云：月满则亏，水满则溢。可见成功的第一条件是真正地虚心和善于听取别人的意见。不管人们把你评价得多么高，我们永远要有勇气对自己说，我的知识远远不够，我还有很多地方需要学习。

找不到的田地 ▶▶▶

与世界万物相比，我们只不过是沧海一粟而已，又有什么可炫耀的呢？

有一天，苏格拉底的弟子们聚在一起聊天，一位出身富有的学生，当着所有同学的面，夸耀他家在雅典附近拥有一片广大的田地。

当他吹嘘的时候，一直在旁边不动声色的苏格拉底拿出一张地图说："那么麻烦你指给我看，你们家的田地在哪里？"

老师的这一番举动，使所有的弟子们都感到十分好奇，于是都围了过来。

"这一大片全是。"学生指着地图得意洋洋地说。

"很好！那么希腊在哪里？"苏格拉底又问。"这样的问题也太简单了吧！"旁边有的弟子忍不住插话。苏格拉底好像没有听到似的。

学生好不容易才从地图上找出一小块儿来，但和他刚才比划的地方相比，实在是太微小了。

"雅典在哪儿？"苏格拉底又不动声色地问。

"雅典，这个更小了，好像是在这儿。"学生指着一个小点儿说着。

最后，苏格拉底看着他说："现在，请你再指给我看，你那块儿广大的田地在哪里呢？"当问完这个问题时，所有的弟子都明白了老师的真正用意，不由得都暗暗佩服起来。

学生忙得满头大汗也找不到了，原来他的田地在地图上连个影子也没有。他很尴尬地回答说："对不起，我找不到。"

美德传承	任何人所拥有的一切，与有大美而不言的天地相比，与浩瀚无际的宇宙相比，都不过是沧海一粟，实在是太微不足道了。从历史的长河来看，不管我们拥有什么、拥有多少、拥有多久，都只不过是拥有极其渺小的瞬间。我们没有必要炫耀自己拥有的东西，因为谁也不会因此永远佩服你。所以无论何时何地，我们永远都应该保持一颗谦虚的心，这比什么都宝贵。

茶杯与茶壶的位置 ▶▶▶

把自己的杯子放低些，否则，茶就要溢出来了。

一个满怀失望的年轻人来到法门寺，对住持释圆说：

"我一心一意要学习丹青，但至今仍没找到一个令我满意的老师。许多人徒有虚名，有的人的画技还不如我呢，真让我失望！"

释圆听了，淡然一笑说："既然施主的画技不比那些名家逊色，就烦请施主为老僧留下一幅墨宝吧。"说着，便吩咐一个小和尚拿了笔墨纸砚和一沓宣纸来。

释圆说："施主可否为我画一个茶杯和一个茶壶？"年轻人调了一砚浓墨，铺开宣纸，寥寥数笔，就画出一个倾斜的水壶和一个造型典雅的茶杯。那水壶的壶嘴徐徐吐出一脉茶水来，注入到了那茶杯中去。年轻人问释圆："这幅画您满意吗？"

释圆摇了摇头说："你画得确实不错，只是把茶壶和茶杯放错位置了。应该是茶杯在上，茶壶在下呀。"年轻人听了，笑道："大师为何如此糊涂，茶壶往茶杯里注水，哪能茶杯在上，茶壶在下呢？"

释圆说："原来你懂得这个道理呀！你渴望自己的杯子里能注入那些丹青高手的香茗，但你总把自己的杯子放得比那些茶壶还要高，香茗怎么能注入你的杯子里呢？只有把自己放低，才能吸纳别人的智慧和经验。"

年轻人思忖良久，终于恍然大悟。

> **美德传承**
>
> 　　渴望往自己的杯子里注入更多的水，但总把自己的杯子放得比那些茶壶还高，水又怎么能注入杯子里呢？所以我们想要吸纳别人的智慧和经验，首先就要把自己的位置放低。
>
> 　　茶杯的价值，不在于它烧的瓷釉有多好，描的图案有多美，而在于它是空心的，可以装得下茶水。

女儿的一块橡皮 ▶▶▶

即使小小的橡皮，一样可以看出一个孩子存在的问题。

好不容易有了一次回国的机会，百忙之中抽出一点时间亲自到幼儿园去接女儿，只是为了弥补一下对她成长中缺席太多的歉疚。

透过女儿教室的玻璃窗，听见在休息中的女儿正在与小朋友争辩。女儿说："这块橡皮是我的，是妈妈在她朋友的商店给我买的，肯定不是你的。"

"是我的！"一个女孩子尖锐的声音打断了女儿的话，"就是我的，不然怎么和我的一样呢？肯定是你偷了我的橡皮。"

"我没偷。"女儿有些委屈地说，"妈妈走之前给我买了一大箱子文具，我怎么会偷你的东西呢？"

"我要告诉老师去，你就是小偷！"随着小朋友们一起的指责和哄闹，一个小女孩跑出来打开了教室的门，看到了我。她不认识我，因为我几乎没有来幼儿园接过女儿。见到我一个人站在窗外流泪，她很惊讶地问我："你找谁呀？"

"我就找你！"我擦去了眼泪，微笑地看着她说，"你叫什么名字？"原本以为我随和的态度能让她放下骄傲的姿态，然后可以进一步与她沟通。可我想得太天真了，比孩子的心还幼稚。

"我不认识你。"她理直气壮又略带傲慢地说，打消了我所有的积极性。

这时老师从走廊走了过来，看到我后惊讶地说，"你不是在国外吗？什么时候回来的？"

我笑了，与女儿的老师打过招呼后，把刚刚听到见到的一切婉转地讲给了这位年轻的幼师，她一时之间竟没能明白我的意思，还问我是不是要她查清此事。

当我再次表明态度时，她才明白我想让她做什么，并及时地与那位小朋友的家长进行了沟通。事情很快调查清楚了，女儿的橡皮上有朋友独家代理的品牌图案，女儿所有的文具都是这个牌子的，答案自然十分明了。老师当着全体小朋友的面澄清了女儿的清白，并征得那个小朋友家长的同意，让小女孩当众向女儿道了歉。

其实不是一定要这么较真，而是无论多小的不公平，对孩子的心灵来说，都会造成难以愈合的创伤，我只是想让女儿得到公平的待遇和尊重，也希望让那个小女孩懂得，做错了事情就要负责任。

不是那个女孩子伤害了我的女儿，她就一定是个坏孩子了。

而是她的趾高气扬和武断的态度，让我第一印象觉得她的家庭环境应该比较优越，或者说，父母对她一定很宠爱，让她养成了以自我为中心、不懂得谦虚的性格。我是在担心，这样一种不谦虚的性格，在小女孩今后的成长道路上必定会给她带来麻烦。

每个孩子都需要宠爱，但是在宠爱孩子的同时千万不要忘记教孩子做人的准则，那就是"谦虚"。

木匠的工具 ▶▶▶

犹太人用自己的忍耐力，书写了一个民族顽强的历史。

一位能干的木匠，造了许多房屋和其他建筑物，造得非常精巧牢固。当然，这位巧匠有一个工具箱，工具箱里的圆规、卷尺和直角尺，看到主人技艺高超，做出来的活儿好，以为都是它们的功劳，自以为了不起，看不起人。

圆规对卷尺和直角尺说："要是主人没有咱们帮忙，他什么也做不成，更别说能当上能工巧匠了！"

卷尺和直角尺听了，笑起来说："你说对了！咱们都有了不起的本事，各自有重要的用处。人们只说他手艺好，不称赞咱们，这太不公平了！"

圆规说："咱们离开他！凭咱们的高超本领，不怕找不到活儿干！"

这时一个细小的声音在一旁冷冷地说："恐怕不见得吧？"

圆规等三个回头一看，原来说话的是一根绳。这根很长很长的绳，不知道什么时候，也不知道是什么原因，流落到木匠的工具箱里来了。

它们觉得很不服气，决定和绳一同到外面走走，看看到底谁的用处大！

它们走啊走，看见筑路工在修路，路修得弯弯曲曲的。卷尺连忙跑过去，想帮助筑路工把路修直。它跳来跳去丈量路的各部，可是它只量出了路面有多宽，路基有多厚，别的忙一点也帮不上，路还是弯弯曲曲的。

绳跑过去，筑路工一见，可乐了，立刻在地上钉下两个小木桩，系上绳，把绳拉直，顺着拉直了的绳修路，路就笔直笔直了。卷尺看了，脸上火辣辣的。

它们又往前走，看见工人在造木桥。他竖起的桥柱歪歪斜斜，不能竖得又正又直。直角尺急忙跑过去，想帮他量量，把桥柱竖直。可是桥柱立在水中，水波起伏不定，怎么也量不准确。

绳跑过去，工人一见，高兴极了，在绳的一头系上石块，另一头挂在桥柱顶端，绳直直地垂下来。工人依着垂直的绳，把桥柱竖直了。直角尺看了，脸涨得通红通红。

它们又往前走，看见花匠在造圆形的花坛，可是造得又像长方形又像三角形，一点也不圆。圆规马上跳到花坛上，想给花匠帮帮忙。它找到了圆心，旋转了一圈，画出一个圆。可是画出的圆只有菜盘那么大，太小。花坛要造得像杂技场那么大呢！

绳跑过去，花匠一见，笑了起来。他把绳系在花坛中央的木桩上，拉着另一头，绕着走一圈，画出一个很大很大的圆，照着这个圆造出的花坛就滚圆滚圆的了。圆规见了，难为情地扭转了脸。

圆规、卷尺和直角尺看见自己本领并不像自己认为的那么大，垂头丧气地不再神气了。绳安慰它们说："你们都有用处，都有本领，但不是什么事情都能干。骄傲是不好的，应该多看自己的短处和别人的长处。"

生活教会了我谦虚 ▶▶▶

三人行，必有我师，任何时候都应该保持谦虚的品格。

那还是上个世纪六十年代全国大串联时期，那年12月，我们几个小青年相邀骑自行车从南昌出发，前往井冈山接受革命教育。第二天，我们骑车102千米，来到了井冈山下一个名叫"拿山"的地方。看看天色已晚，我们只好就近找个地方过夜。正巧路边有几间养路工人住的房子，我们便下了车，进去说明原委，请求留宿一晚。

那几位工人师傅异常热情，煮饭的煮饭，洗菜的洗菜，铺床的铺床，把我们当作贵宾款待。尽管那饭是红米饭，菜也是农家常见的南瓜、白菜和萝卜干，我们吃得却分外香甜。为了感谢工人老大哥对我们这些学生的一片真情，我提议给他们写一封感谢信，这在当时是很时髦的。

养路工人很愉快地为我们提供了红纸和笔砚。我把大红纸摊开在桌子上，看了四周的同伴一眼，很自信地说："我来写！"
因为我清楚，几个小青年虽然不是同班同学，互相不摸底，但从
直观上我可以猜出：在这几个人之中，我的毛笔字稳拿第一。因
为我在严父的调教下，练了几年书法，谅他们也不是我的对手。

　　我润润笔，开始写起来了，一路行云流水妙笔生花，引得养
路工和同伴们啧啧称赞。

　　我写完年月日，签上我的大名，然后让同行者一个个都留下
自己的名字。前五个人的签名，有的像鸡抓食，有的像狗爬，让
人倒胃口。

　　最后，轮到一个年纪最小的青年签名了，他很小的个子，一

副乳臭未干的模样。然而，当他手握毛笔，不慌不忙地签下他的名字时，我竟然半晌动弹不得。为什么？因为外行看热闹，内行看门道，我从他那几个柔中有刚、笔底藏锋的签名中看出了他的扎实功力，字写到这个程度，绝非一年半载之功。我暗中估计，自己至少要继续苦练两年，才能达到他现在的水平。

　　"娃娃脸"的那几个字使我感到汗颜，我深悔自己刚才不该妄自尊大、目中无人，正可谓：人不可貌相，海水不可斗量，在任何时候我们都不能自我感觉太良好。我看到了自己的浅薄，为自己的狂妄深感羞愧。后来，我终于从侧面了解到："娃娃脸"的爷爷是省里一位著名的书法家，他从三岁起就开始练习毛笔字，前后已经有十一个年头了，难怪他出手不凡。

　　在后来漫长的岁月中，我插队当农民，进厂当工人，考入大学后又进了机关专门从事宣传教育。这期间，我从未间断过练习毛笔字，有时受人之托，也曾为别人写过一些字，但是，我再也不敢自傲了。

几十年的人生经历，绝大多数事情自生自灭没有在脑海留下痕迹，唯有那些非常特别的小事情使人永远难忘。生活教会了我们如何做人，只有谦虚、谨慎才是处世的最高境界。有本事的人就像一株成熟的稻穗，低垂着头，决不会趾高气扬。

美德传承

　　在我们的生活中有很多平凡的人，但是每个人都有自己的闪光点，不要以为那些平凡不起眼的人就没有一点才能。其实，他们或许比我们更优秀，只不过他们选择了谦虚，关键时刻才会将自己的才能展示在大家面前。"是金子永远都会发光"，保持谦虚的品格，会使你在人生的道路上稳妥前进。

主题班会：我了解的传统节日

【活动主题】我了解的传统节日——中秋节

【活动目的】1. 了解中秋节的有关知识。

2. 介绍有关中秋节的传奇故事。

3. 针对住宿生的特点，寻找共度佳节的合理方案。

【活动日期】＿＿＿＿年＿＿＿＿月＿＿＿＿日

【班级人数】＿＿＿＿＿人

【缺席人数】＿＿＿＿＿人

【活动流程】

1. 齐读班会的主题，交流对主题的理解。（中秋节是月亮最圆的时候，是大团圆的日子，我们心里也会喜洋洋、甜滋滋的。）

2. 中秋知识竞猜：

(1) 中秋节是中国三大传统节日之一，你们能正确说出是哪三个节日吗？（春节、端午节、中秋节）

(2) 中秋节是中国非常重要的传统节日，它有许多习俗，大家知道些什么习俗都可以说出来哦，看谁说得多？（拜月娘、赏月、吃毛豆芋芳、吃月饼，等等）

3. 故事引趣：

(1) 师引：中秋节在我们中国人眼里，可是非常重要的佳节。"月圆人团圆"，那是一个温馨和谐、极富诗情画意的节日。中秋节最有名的传说故事就是嫦娥奔月了，现在就让老师来给你们介绍一下：嫦娥奔月……

(2) 让学生扮演嫦娥姑娘来介绍其他中秋节的习俗。师引:好，听了老师给你们讲的故事，你们一定意犹未尽吧。现在我们请"嫦娥姑娘"来给我们介绍中秋节有趣的传统习俗。拜月娘 、拜土地公……

(3) 继续介绍关于中秋节的神话故事。师引:好，听了"嫦娥姑娘"给我们的介绍，老师觉得中秋节真是个非常有意义的传统节日，它还有许多传说故事呢。(看时间待定) 月中玉兔 、吴刚伐桂树……

(4) 介绍中秋节的水果——柚子

4.联系班级实际，讨论中秋节的活动方案

(1) 明天就是中秋节了，大家有什么好的想法吗?

(2) 同学之间互相交流 。

【活动总结】

　　同学们了解了那么多关于中秋节的知识，又为如何过明天的中秋节出了那么多的好主意。老师感到好开心！看来，我们班是一个完整的大家庭，就像中秋节的月亮一样圆圆满满，大家要永远齐心协力，共同出谋划策做好每一件事!

黑板报：弘扬中华传统美德

【黑板报主题】弘扬中华传统美德

【黑板报内容】

1. 中华传统美德的主要内容

　　中华传统美德有的是代代言传身教，流传至今；有的可见于《三字经》《千字文》等过去的启蒙读物中；有的见于《论语》《孟子》等中华文化重要文献中；有的见于古诗词、歌赋和其他文学、史学典籍之中。关于传统美德的内容，没有固定的说法。过去有人概括为"忠、孝、礼、义、廉、耻"，去年新出版的《中华传统美德格言》将传统美德分为爱国、诚信、知耻等20个部分。

2. 中华传统美德名言

　　(1) 苟利国家，不求富贵。　　　　　　　　——《礼记·儒行》

　　(2) 长太息以掩涕兮，哀民生之多艰。　　　——屈原《离骚》

　　(3) 捐躯赴国难，视死忽如归。　　　　　　——曹植《白马篇》

　　(4) 先天下之忧而忧，后天下之乐而乐。　　——范仲淹《岳阳楼记》

　　(5) 王师北定中原日，家祭无忘告乃翁。　　——陆游《示儿》

　　(6) 天下兴亡，匹夫有责。　　　　　　　——顾炎武《日知录·正始》